novum pro

FRANK SCHIEWER

Alles und Nichts da gehen sie hin

Meine Suche nach Erleuchtung

novum pro

Bibliografische Information der Deutschen Nationalbibliothek:

Die Deutsche Nationalbibliothek verzeichnet diese Publikation in der Deutschen Nationalbibliografie. Detaillierte bibliografische Daten sind im Internet über http://www.d-nb.de abrufbar.

ISBN 978-3-99107-159-4
Lektorat: K. Kulin
Umschlagfotos: Frank Schiewer, Robert Kneschke | Dreamstime.com
Umschlaggestaltung, Layout & Satz: novum Verlag
Innenabbildungen: Seite 53: pixabay.com © Clker-Free-Vector- Images, Seite 62: pixabay.com © Activedia, Seite 70, 72, 73, 75, 77, 80, 84: pixabay.com © Wortflow, Seite 66, 79, 82, 86, 99: Yogi Vidyananda; bürgerlich Rainer Kersten

Gedruckt in der Europäischen Union auf umweltfreundlichem, chlor- und säurefrei gebleichtem Papier.

www.novumverlag.com

INHALTSVERZEICHNIS

VORWORT

Nein, der Titel dieser Betrachtungen ist kein Schreibfehler. Zwei Gegensätze, wie sie krasser nicht sein könnten, sie werden üblicherweise durch das Wort „oder" miteinander verbunden. Das entspricht dem Dualismus, der das menschliche Denken von jeher prägt. Unser Verstand kann uns alle Erscheinungen nur durch ihr Gegenteil erklären; „heiß" durch „kalt", „jung" durch „alt", „klug" durch „dumm", „hell" durch „dunkel", „richtig" durch „falsch" und so weiter. Dabei sind es nur konträre Formen ein und desselben Betrachtungsobjektes – in den genannten Beispielen von Wärme, Zeit, Geist, Licht und Wahrheit.

Was aber passiert, wenn sich unser Verstand und mit ihm unser Ego auflöst? Was, wenn der Dualismus verschwindet? Wenn „Alles" „Nichts" ist?

Darüber möchte ich einige Überlegungen anstellen, die sich mir aufgedrängt haben, seit ich weiß, dass ich ein spirituelles Wesen bin. Ausgelöst wurde diese durch drei Ausbildungen zum Chi-Therapeuten bei meinem hochgeschätzten Meister Yogi Vidyananda, durch das Lesen einiger kluger Bücher von Seneca, Goethe, Schopenhauer, Osho oder Castaneda und durch vermeintlich kleine Ereignisse in meinem Leben.

Ich bin Diplomingenieur für Maschinenbau und somit ein Naturwissenschaftler. Das Studium an der Uni Rostock erforderte ein hohes Maß an rationalem Denken und Logik. Es galt, Zusammenhänge zu erkennen und zu beweisen, wollte man erfolgreich sein. Jetzt stellt sich die Frage, ob sich da nicht gerade ein Widerspruch auftut zu Spiritualität und dem Glauben an das Göttliche. Aber da wären wir wieder beim Dualismus. Der Antagonismus von Wissenschaft und Glaube ist aus meiner Welt verschwunden. Beides sind Erscheinungsformen der Erkenntnis, und nur ihr widme ich die folgenden Ausführungen, die mich unweigerlich auf Spurensuche schicken. Ich begebe mich in den kommenden drei Wochen auf eine investigative Forschung nach Erleuchtung.

Folgende Thesen haben mich beim Schreiben angetrieben:

1. Rechte erwachsen aus Pflichterfüllung.
2. Das Erkennen der Wahrheit entspringt aus eigenen Erleben.
3. Das Erwachen des Geistes (Spiritualität) vollzieht sich über Empfindungen.

Diese Aufzeichnungen werden autobiografische Elemente enthalten, denn es ist meine ganz persönliche Sicht auf das Thema. Sie sind aus der Perspektive eines Mannes geschrieben, deshalb entschuldige ich mich bei den Damen, die sich vielleicht nicht direkt angesprochen fühlen. Es ist auch für euch.

Deveses in Spanien, am 22. Dezember 2019

WER WIR SIND UND WAS WIR TUN

Unser jetziges Dasein beginnt mit der Idee zu unserer Zeugung. Nicht alle sind wir Wunschkinder. Unsere biologischen Eltern hatten nicht zwingend die Absicht, uns in die Welt zu setzen. Und wenn sie diese doch haben, gelingt es längst nicht immer. Eine ganze Industrie, die Reproduktionsmedizin, beschäftigt sich mit unerfüllten Kinderwünschen, aber auch ihr sind Grenzen gesetzt. Ob dieser Eingriff in die Schöpfung überhaupt ethisch zulässig ist, stelle ich genauso infrage wie die Ehe mit Kinderwunsch unter Gleichgeschlechtigen, aber beides ist längst üblich und salonfähig. Soll nun also aus zwei Zellen ein neues Leben hervorgehen, bedarf es dazu mehr als Sexualität oder Reagenzglas. An dieser Stelle beginnen die wichtigen Fragen.

Die Philosophie, die Religion oder die Literatur setzen sich sehr ausgiebig mit allen Fragen unserer Existenz auseinander, und jeder mag sich die Version aussuchen, die ihm am meisten einleuchtet.

Ist dann das Kind geboren, rein und unschuldig, verfahren die unterschiedlichen Kulturen höchst divers mit dem neuen Erdenbürger. Das weibliche Geschlecht eines Säuglings wird vielerorts als Makel angesehen, der bis zur Tötung führen kann. Der Wert des Kindes für die Eltern hängt mitunter einzig davon ab, ob der Nachwuchs später dazu taugt, das Familieneinkommen durch Arbeitskraft oder Heirat hinreichend hoch zu halten. Im dritten Reich ist sogar ein politischer Akt aus der Fortpflanzung geworden, dazu dienend, der Herrenrasse genügend Kanonenfutter für ihre Expansion bereitzustellen. Der Adel und die Neureichen begeben sich zumeist auf die Suche nach einem Thronfolger für ihre Imperien, wenn sie sich vermehren. Die Entschlüsselung des menschlichen Genoms wird zu weiteren Verwerfungen in der Menschwerdung führen – China hat schon damit angefangen, bestimmte ErbgutSequenzen zielgerichtet zu manipulieren.

Ob das alle Aufgebrachten und Fassungslosen tatsächlich verabscheuen, wage ich zu bezweifeln.

Anhand dieser wenigen Beispiele wird schon ersichtlich, dass wir Menschen in unserer Masse und Meinungsvielfalt ganz gewiss nicht vollumfänglich die Krönung der Schöpfung sind. Schon vor unserem Eintritt ins irdische Leben kann uns viel Ungemach widerfahren, können moralische Grenzen fallen, können Leben zerstört werden, noch bevor sie begonnen haben.

Mit diesen Themen möchte ich mich nicht befassen. Mir geht es um das, was wir selbst in der Hand haben.

Bleiben wir also beim neugeborenen Kinde. Hilfloser als ein Menschenkind kommt keine andere Spezies auf die Welt. Ohne Fürsorge durch unsere Eltern, in der Regel sind auch ein Arzt und eine Hebamme dabei, kämen wir nicht weit im Leben. Ich könnte nicht einmal die Nabelschnur durchtrennen und versorgen, wenn ich es müsste.

Eine weitere Besonderheit unserer Art liegt darin, dass wir noch sehr lange weiterleben können, nachdem wir unsere Fortpflanzungsfähigkeit verloren haben. Mit allen anderen Lebewesen verfährt die Natur weniger großzügig. Tiere sterben sehr bald, wenn sie unfruchtbar geworden sind, das sieht man sehr eindrucksvoll beim Lachs, der praktisch unmittelbar nach dem Laichen stirbt.

Unsere Zerbrechlichkeit und unsere Langlebigkeit machen uns Menschen zu etwas ganz Besonderem auf dieser Erde – wir haben eine Mission.

Zunächst aber sind wir auf Zuwendung angewiesen. Die Mutter umsorgt und ernährt uns. Wenn wir Hunger haben, schreien wir. Doch dann kommt der Tag, an dem das Denken einsetzt. Wir realisieren, dass wir mehr bekommen, wenn wir lauter brüllen. Unsere erste Unschuld ist dahin.

Ab diesem Moment verlassen wir die Tierwelt. Das Ego hat sich gebildet. Wir werden unseren Verstand sehr lange benutzen, die allermeisten von uns bis zum letzten Atemzug. Das Denken ist für uns der Ersatz für die animalischen Instinkte – ein Segen und ein Fluch zugleich. Wir können Großes damit bewirken, die Geschichte liefert Millionen Beispiele dafür. Aber auch Schreckliches und Grausames. Schwer zu sagen, welche Seite überwiegt, vermutlich halten sich Gut und Böse die Waage, sind sie doch zwei Seiten derselben Medaille, die man Anstand nennen könnte. Sie sind

gegensätzlich, eine Facette des Dualismus. Unser Verstand braucht die Gegensätzlichkeit, um uns die Welt zu erklären.

Mit unserem Denken erst sind wir gewappnet für das Leben. Alle motorischen Fähigkeiten, die wir erwerben, bleiben gespeichert – Radfahren verlernt man nicht. Wir erobern uns das Feld der Bewegung spielend und durch Neugier. Unsere Fortschritte im Spiel führen irgendwann dazu, dass wir gewinnen wollen, das Spiel wird zum Wettbewerb. Der Ehrgeiz hat Einzug gehalten, eine Tugend, die uns voranbringt.

Unser Körper ist für Bewegung gemacht, nicht für den Sessel. Natürlich gibt es gewaltige Unterschiede in den individuellen Bewegungsmustern und den physischen Fähigkeiten. Allein wenn man die Fingerfertigkeit eines Pianisten betrachtet oder die Ausdauer eines Extrembergsteigers, ahnt man, wie unterschiedlich unsere Talente verteilt sind, aber auch unser Fleiß. Nur in einem gesunden Körper wohnt ein gesunder Geist, deshalb sollte eine zumindest minimale körperliche Ertüchtigung zu jedem erfüllten Leben dazugehören. Je höher das Level der Motorik, umso höher das Potenzial für große Erlebnisse und Abenteuer und umso niedriger die Anfälligkeit für Gebrechen jeder Art.

Wichtiger noch, um auf Erden zu bestehen, sind unsere kognitiven Fähigkeiten. Die Schule, davor der Kindergarten, das Berufsleben und das Informationszeitalter mit all seinen Medien erfordern ein hohes Maß an Auffassungsgabe, Intelligenz und Cleverness. Es gibt keine alternativen Wahrheiten, so niedlich und verlockend dieses Bild auch sein mag. So gesehen heißt die

Aufgabe, frei nach den Böhsen Onkelz, aufzuwachen, die Wahrheit zu finden und den dafür nötigen langen Weg zu gehen.

Dieses Erwachen steht nicht am Anfang unseres Lebens, am Anfang heißt es, wie Lenin schrieb: „Lernen, Lernen und nochmals Lernen!" Beim Erlernen der Muttersprache hat es sich als sehr vorteilhaft erwiesen, wenn man nicht nur eine hat. In der frühen Kindheit sind wir am empfänglichsten für das Erlernen von Sprachen und deshalb sollten fürsorgliche Eltern diesem Aspekt der Bildung große Aufmerksamkeit schenken. Wir leben in einer internationalen Epoche, und wer sich im Ausland einigermaßen verständigen kann, erntet nicht nur das Lächeln der Kellnerin, der Verkäuferin, des Taxifahrers, des Hoteliers oder des Grenzpolizisten, er erlebt echte Teilhabe am fremden Land und empfindet eine große Genugtuung, ja sogar Stolz auf sich selbst.

Mit der Sprache einher geht die Schrift. Längst nicht alle Informationen werden verbal verbreitet und das Handgeschriebene merkt sich allemal besser als das Getippte. Wenn in der Gegenwart ernsthaft über die Abschaffung der Handschrift debattiert wird, dreht sich mir der Magen um.

Auch sollte der Heranwachsende sich in naturwissenschaftlichen Disziplinen schulen, sei es die Mathematik, die Physik, die Chemie, die Geografie oder die Biologie. Es muss daraus ja kein Beruf werden, aber Wissen in diesen Bereichen schützt enorm vor Verblödung durch Manipulation. Wenn heute die halbe Welt das Klima retten will, und einer jungen schwedischen Schulschwänzerin zujubelt, ist das höchst bedenklich. Das Klima reguliert sich von jeher selbst mit diversen Kalt- und Warmzeiten. Unser Einfluss darauf ist schwer eizuschätzen und wird unter Wissenschaftlern kontrovers diskutiert. Was Menschen machen können, ist die Umwelt zu retten. Die unfassbare Menge an Plastik in den Ozeanen, die Abholzung des Regenwaldes oder der Abbau von Lithium in den Anden – all das sind reale Bedrohungen. Nicht das Kohlendioxid, das jede Pflanze braucht, um zu gedeihen, und dessen Konzentration in der Atmosphäre nicht signifikant gestiegen ist, seit das Industriezeitalter begonnen hat. Dies ist nur ein Beispiel dafür, wie sehr wir Menschen aufpassen müssen, denn wir alle sind Zielscheibe der Mächtigen – als Konsument oder als Wähler. Dem Menschen schadet auch die Fähigkeit des Rechnens nicht, damit er seinen Lebensunterhalt nicht gefährdet und Strategien entwickeln kann, die ihm nützen. Ganz nebenbei ergeben sich aus mathematischen Fertigkeiten ganz wunderbare Freizeitbeschäftigungen wie Skat, Schach oder Sudoku.

Wer sich ein wenig in Physik auskennt, erleidet höchstwahrscheinlich weniger Unfälle. Der elektrische Strom, die Trägheit eines sich bewegenden Fahrzeuges im Verkehr, die ultraviolette Strahlung der Sonne, die Sauerstoffarmut unter Wasser oder das Wirken der Schwerkraft haben schon viele von uns, oft völlig unnötig und in Friedenszeiten, dahingerafft. Mit der Industrialisierung hat die Physik Einzug gehalten in den ganz gewöhnlichen Alltag bis hin zum Internet. Sie ermöglichte uns das Fliegen, das Tauchen, das fast autonome Fahren, die Heilung schwerster Krankheiten und trug einige sogar ins All. Als Beispiel für die inhumane Nutzung der Physik möge Hiroshima genügen.

Die herausragende Leistung der Physik ist der Energieerhaltungssatz. Energie kann weder erschaffen noch vernichtet werden. Sie war immer schon da, im Weltall und in unserem inneren Universum.

Die anorganische Chemie bescherte uns jede Menge genialer Materialien, wobei der Stahl und der Beton sicherlich die größte Rolle gespielt haben. Neuerdings dominieren Quarz, Silizium, Uran und künftig der Wasserstoff den wissenschaftlich-technischen Fortschritt. Organische Energieträger wie Kohle oder Erdöl haben die Erdenbewohner sowohl produktiv als auch faul und obendrein mobil gemacht, und ihre Besitzer steinreich. Die organische Chemie hat jedoch eine wesentlich größere Bedeutung für uns alle, liegt in ihr doch der Schlüssel zum Leben. Erst die Aminosäure hatte das Zeug dazu, dass sich der erste lebende Einzeller bilden konnte. Praktisch unser aller Vorfahr.

Mit der Entstehung des Lebens bekam die Biologie als Wissenschaft ihr Thema. Streng genommen beruhen wir alle auf biochemischen Prozessen, die sich über die Evolution dorthin entwickelt haben, wo wir heute stehen. Natürlich geht diese Reise weiter und einige träumen schon davon, unsterblich zu werden. An diesem Punkt aber ist Schluss mit lustig. Das Einzige, was am Anfang unseres Lebens gewiss ist, ist der Tod, da helfen auch keine sechs Spenderherzen, die sich ein David Rockefeller implantieren ließ, oder ein Einfrieren des Verblichenen in flüssigem Stickstoff wie im Falle von Walt Disney. Dass die Natur nicht irrt sagte einst Arthur Schopenhauer und das ist gut so. Es ist ein Grundprinzip der Schöpfung.

Unsterblichkeit kann kein Zellhaufen erlangen. Der Körper wird, siecht und vergeht. Doch etwas von uns lebt weiter und bekommt eine neue Chance. Dieser Weg in die Unendlichkeit, ins Absolute, ins Nirwana oder ins Reich Gottes beschäftigt die Menschheit seit Anbeginn der Zeit, und genau darauf werde ich später eingehen.

Neben der Sprache und den Naturwissenschaften verdienen auch die Geisteswissenschaften, namentlich die Kunst und die Philosophie, ein gerüttelt Maß an menschlicher Zuwendung.

Die Dichtung hat gerade im deutschen Sprachraum sehr große Werke entstehen lassen. Da dies eine sehr persönliche Abhandlung ist, beschränke ich mich auf meine Erfahrungen mit Goethes „Faust". Dieses Meisterwerk war Pflichtlektüre für das Abitur in der DDR. Zugegebenermaßen hat es mich als Schüler nicht berührt. Die Fügung, nicht der Zufall, hat es mir ermöglicht, als einfacher Soldat in Schwerin der wohl großartigsten Interpretation dieses Stoffes auf der Bühne des Mecklenburgischen Staatstheaters beizuwohnen. Es war vor allem für Besucher aus Westdeutschland, man schrieb das Jahr 1985, inszeniert worden. Dort hineinzukommen, war für einen normalen Bürger nicht möglich, nicht einmal denkbar. Mephisto war eine Frau und auch Nacktszenen wurden präsentiert. Doch das war es nicht, was mich bewegte. Ich erfasste zum ersten Mal die unglaubliche Größe dieses Blockbusters und konnte nach dem Schlussvorhang nur noch weinend, wie ein begossener Pudel ohne Kern, sitzen bleiben, bis man mich, den letzten Sitzenbleiber, hinausbat. Es gibt Schlüsselmomente in unserem Leben, die alles verändern. Dies war einer der meinen.

Die bildende Kunst hat in ihrer Historie auch jede Menge Großartiges zu bieten. Ich selbst verstehe nichts davon, schon gar nicht von der Werthaltigkeit jener Werke. Ich habe das Museum of Modern Art und das Metropolitan Museum of Art, beide beheimatet in New York, besucht, ebenso die Dresdener Gemäldegalerie oder den Louvre in Paris, um nur einige zu nennen. Was ist hängen geblieben?

Ganz klar: die Mona Lisa von da Vinci. Du stehst mitten im Gedrängel mit halb Asien und schaust auf ein bescheiden klein geratenes Porträt einer Frau hinter dickstem Panzerglas und du fragst dich:

„Weshalb dieser ganze Rummel?“ Hinterher weißt du, dass du der Unendlichkeit begegnet bist.

Die Musik ist das, was alle kennen, aber keiner so richtig beschreiben kann. Warum lösen gewisse Melodien etwas in uns aus? In uns selbst ist Musik, die Musik des Universums. Diesen Klang kann man sogar nachweisen. Nun hat jeder so seine Favoriten. In der Klassik sind es für mich „Die vier Jahreszeiten“ von Vivaldi, in der populären Musik ist es Led Zeppelin und zu Weihnachten das Lied vom kleinen Trommler „Me and my drum“ von Vicky Leandros aus dem Hamburger Michel. Das alles hat nur für mich Bedeutung und ich habe auch nicht das Bedürfnis, tiefer in die Materie einzudringen, obwohl mein Sohn ein studierter Musiker ist und mich sicher vieles lehren könnte.

Die Filmkunst als letzte in dieser Aufzählung hat genau wie alle anderen Künste viel Banales, aber auch Großartiges zu bieten.

Zu den Großen zähle ich Spielberg, Cameron oder Tarantino. Das beste Drehbuch aller Zeiten schreibt man heute noch Curtiz mit „Casablanca“ zu. Da gehe ich voll mit, ich kann inzwischen jeden der legendären Dialoge mitsprechen. Noch größer ist für mich: „Und täglich grüßt das Murmeltier“. Dieser Film beschreibt mit erfrischender Komik und einem genialen Bill Murray in der Hauptrolle, was passiert, wenn wir ein und denselben Tag immer wieder erleben. Dabei optimiert der Protagonist immer mehr seiner Abläufe und Fähigkeiten, um das Herz einer Frau zu gewinnen. Am Ende erreicht er die Perfektion, den Tag, an dem alles stimmt. Das entspricht in etwa dem, was uns in jedem neuen Leben widerfahren sollte, wenn wir nach dem Absoluten streben. Dazu müssten wir reinkarnieren. Müssten eine neue Chance hier auf Erden bekommen, eine Chance auf Vollendung der Seele.Das ist der Weg, das ist mein Motiv für diese Abhandlung.

Alles, was die Kunst an Emotion in einem Menschen hervorbringen kann, hat sie bei mir erreicht. Es ist nicht das Bewundern, nicht das Handwerk und schon gar nicht unser Sachverstand, der die Kunst für uns so einzigartig macht. Es ist die Emotion, die sie in uns auslöst.

Noch ein paar Worte zur Philosophie. Ich bin materialistisch unterrichtet worden, hauptsächlich ging es dabei um Marx, Engels und Lenin. Ein wenig Kant und Hegel waren auch dabei, sofern es in die Ideologie passte.

Ein alter Mann aus meinem Heimatdorf hatte mir, als damals Jugendlichem, immer wieder Arthur Schopenhauer (1788 bis1860) ans Herz gelegt. Ganz klar wieder eine Wegweisung. Der Bekannte war tatsächlich philosophisch ausgebildet und ich nahm seine Worte sehr ernst, wenngleich er zu dieser Zeit schon sehr dem Alkohol anheimgefallen war und nicht mehr viel Leben vor sich hatte. Mir gefiel, dass Schopenhauer, der Weise mit dem Pudel, zeitlebens als Grantler und Misanthrop galt. Auch als Vertrauter von Goethe, womit sich wieder ein Kreis schloss. Ich besorgte mir also das, was in der DDR von ihm veröffentlicht worden war, und stellte fest, dass man die Welt auch ganz anders sehen konnte, nämlich als Wille und Vorstellung, eine Welt, die nur existiert, weil wir sie wahrnehmen. Seine Schlussfolgerung besteht darin, dass unser Leben einzig dazu dient, uns spirituell weiterzuentwickeln – der Rest ist Theater.

An dieser Stelle würde ich am liebsten einige Zitate dieses großen Mannes zum Besten geben. Nicht immer leichte Kost, aber voller Gehalt, gerade im Kontext dieser meiner Betrachtungen. Da eine Aneinanderreihung von Zitaten nicht unbedingt ein kreativer Akt ist, lasse ich die Finger davon und bemühe meinen eigenen Verstand.

Nach Schopenhauer ist es die größte Weisheit, die Gegenwart zu genießen und dies zum Zweck seines Lebens zu machen. Nur die Gegenwart ist real, alles andere ist imaginär.

Ein weiterer großer Mann, der Däne Sören Kierkegaard (1813 bis 1855), hat unser Leben in drei Abschnitte aufgeteilt. Zuerst kommt die ästhetische Phase, in der wir uns den schönen Seiten des Lebens zuwenden. Dem schließt sich die ethische Phase (ich nenne sie im Weiteren die produktive Phase) an, in der es um Beruf, Familie, Haus und Hof und Wohlstand, aber auch um Offenheit geht. Am Ende des Lebens kommt dann die religiöse Phase, die Zeit des Erwachens, die Zeit für die wichtigen Dinge. Ich werde die Lebensphasen im Verlauf näher beleuchten.

Ich bitte all die großen Künstler und Philosophen, die ich jetzt nicht genannt habe, ausdrücklich um Vergebung. Ich beschränke mich auf diejenigen, die mich geprägt haben, unabhängig davon, dass es durchaus noch mehr Genies um sie herum gegeben hat oder gegeben haben könnte. Mir wurde genau mit diesen Zaunpfählen gewunken, passend zu meinem Intellekt, passend zu meiner spirituellen Reife.

Ach ja, da gibt es auch noch die Gesellschaftswissenschaften wie die Geschichte und die Politikwissenschaft. Mein klarer Favorit dabei ist die Geschichte, weil sie sich auf Fakten stützt oder dies tun sollte.

Ganz interessant ist für mich der Aspekt, dass die Menschheit alle zwölftausend Jahre einen sehr hohen Entwicklungsstand aufweist und so wunderbare Monumente erschafft wie die Pyramiden oder die Skulpturen auf den Osterinseln, die man selbst mit heutiger Technik nicht nachbauen oder achtzig Meter senkrecht nach oben befördern könnte. In viertausendfünfhundert Jahren werden wir wieder ganz Großes vollbringen und Unnachahmliches erschaffen. So sagt Meister Vidyananda, und dem folge ich.

Nach meinen Beobachtungen wurde Geschichte von Einzelpersonen geschrieben, die ihrer Zeit weit voraus waren. Nehmen wir da die Religionsstifter Buddha und Jesus, die wohl größten Heiligen aller Zeiten. Aus Judentum und Islam sind mir keine vergleichbaren Personen bekannt. Natürlich waren Julius Cäsar, Karl der Große, Kolumbus, Napoleon oder gar Hitler und Stalin sehr bedeutsam für die Historie, wenngleich in erster Linie als Eroberer oder Diktatoren und damit unheilig.

Die Demokratie, also die Herrschaft des Volkes, unter der wir vermeintlich leben, hat einen schweren Geburtsfehler. Nach Platon sollten laut „Der ideale Staat“ nur die Besten und Fähigsten gewählt werden und die Geschicke der Masse lenken. Tolle

Idee, aber schauen wir der Wahrheit ins Gesicht. Was sitzen da für Leute in den Parlamenten? Wie oft wurden ihnen Plagiate nachgewiesen, wie viele haben keinen Abschluss geschafft? Wie oft gehen sie zu den Sitzungen? In Brüssel oder Straßburg sind es freitags nicht einmal zehn Prozent aller Volksvertreter, die allesamt mehr verdienen als die Kanzlerin. Und was beschließen sie? Datenschutzgrundverordnungen, die praktisch undurchführbar sind im Zeitalter von Google, Amazon und Facebook. Oder Emissionsgrenzen für Autos, die eine ganze Industrie auslöschen werden. Bonpflicht, Abschaffung des Bargeldes, Prüffälle für den Verfassungsschutz, die nie definiert wurden, Kapitaltransaktionssteuern in einem Zeitalter, in dem Millisekunden entscheiden, oder aber einen Pakt mit der Türkei zur Regulierung der Flüchtlingsströme.

Demokratie ist anscheinend nicht immer einfach.

Ich bin in einer Diktatur groß geworden und sollte mich über die neue Freiheit freuen. „Freiheit – das einfältige Mantra unserer Zivilisation.“ Ich vermeide diesen Begriff in all meinen Konversationen – das ist unter meiner Schamgrenze und wird auch nicht wieder vorkommen. Mit diesem Wort sollen Leute wie Angela Merkel oder andere Spitzenpolitiker so inflationär hantieren, wie es ihnen beliebt, und es noch weitere tausende Male vergewaltigen.

Plötzlich sind wir von der Geschichte in die Politik geglitten. Daraus eine Wissenschaft zu machen, schafft Plätze an Hochschulen und eine Alibibildung für künftige Bewerber um die Pfründe. Im Gegensatz zu allen vorausgegangenen und beschriebenen Pfaden der Bildung erscheint mir die Politikwissenschaft als am entbehrlichsten.

Bleiben noch die Wirtschaftswissenschaften und das Finanzwesen.

BWL ist ein sehr populäres Studienfach, erlangt man den Zugang hierzu doch ohne Numerus Clausus. Wer wissen will, wie

Kapitalismus bis hin zur Globalisierung funktioniert, der findet alles bei Marx, der inzwischen rehabilitiert ist. Dass Sozialismus nicht funktioniert, hat er eindrucksvoll bewiesen.

Die globalen Finanzströme sind zurzeit in den Händen von 0,1 Prozent der Menschheit. Es sind Spekulanten, die sich über das immer mehr werdende Geld freuen, das die Notenbanken, seit sie 1971 die Bindung an den Goldstandard aufgehoben haben, ungeniert drucken.

Die fiskalen Gesetzestexte haben eine extrem kurze Halbwertzeit, je nachdem, wie klamm der Staat gerade ist. Der Steuerzahler ist die Milchkuh des Finanzamtes und kann sich dessen nicht erwehren.

Als Selbständiger habe ich mir sofort zu Beginn professionellen Beistand besorgt, sonst wäre alles sehr schnell die Wupper runtergegangen. Kurz nach der Jahrtausendwende sagte mein damaliger Berater zu mir: „Herr Schiewer, wenn Sie sich ein Grundstück kaufen, achten Sie darauf, dass es groß genug ist zum Kartoffelanbau.“ Das nennt man heute Preppering, und selbst das Bundesamt für Katastrophenschutz gemahnt ganz offiziell zu einer Bevorratung mit dem Nötigsten.

Ja, das System neigt zu Krisen. Zumindest das sollte jedermann bewusst sein.

Verlassen wir nun das weite Feld der Mehrung des Wissens und wenden uns den schönen Dingen zu, die unser Leben enorm bereichern können. Betreten wir die erste, die ästhetische Phase, die von unseren Sinnen dominiert ist.

Eine der ersten prägenden Sinneswahrnehmungen ist der Geschmack. Schon sehr früh entwickeln wir unsere Vorlieben und bleiben diesen sehr lange treu. Das verhält sich genauso mit unseren Abneigungen.

Das Essen, das Muttern auf den Tisch stellte, war in meiner Kindheit reichlich und deftig. Wir lebten auf dem Dorf, hatten Vieh und Garten und hätten uns von den Erträgen absolut autonom verpflegen können. Für Brot, Butter, Cola und Bier gab es den Dorfkonsum. Ich könnte an dieser Stelle ins Schwärmen geraten von all den Köstlichkeiten meiner jungen Jahre, aber das Allerbeste, was mir widerfuhr, war, dass Mutti und Oma mich früh mit an den Herd nahmen. So kann ich heute viele Gerichte von früher nachkochen und es ist mir jedes Mal ein Fest, wenn ich es dann auch tue. Mein Großvater war Fleischermeister und für ihn war es ganz normal, dass wir Kinder dabei waren, wenn einmal im Jahr das Schwein geschlachtet wurde. Ein blutiges Spektakel, das in heutiger Zeit wohl Massenproteste auslösen würde. Mir hat es nicht geschadet, ich wurde auch nicht traumatisiert und es half mir zu verstehen, dass Fleisch nicht auf dem Baum wächst. Wenn harte Zeiten kommen sollten und unser Essen nicht mehr im Supermarkt verfügbar wäre, hätten Dorfkinder klare Vorteile. Will man frische Eier haben, braucht man Hühner und einen Hahn. Das Herauslesen der Eier aus dem Nest ist durchaus angenehm, das Ausmisten des Stalles ist es nicht, egal welches Nutztier darin haust. Frisches Obst, Gemüse und Kartoffeln waren für mich so selbstverständlich wie Tag und Nacht. Okay, es gab nur zweimal im Jahr Bananen oder Apfelsinen, aber es gab keinerlei Mangel. Eigene Kirschen, Äpfel, Erdbeeren, Pflaumen – das war unser Obst, frisch geerntet oder eingefroren und immer im Überfluss. Alle Gemüsesorten, die man heute im gut sortierten Fachhandel antreffen kann, wuchsen in unserem Garten. Mehr noch, es gab sogar Futterrüben für das liebe Vieh. Federvieh wie Hühner, Enten, Gänse oder Tauben landeten genauso oft wie Kaninchen aus eigener Zucht in Topf und Backofen. Natürlich machte das viel Arbeit und meine beiden Brüder und ich durften reichlich daran partizipieren, aber es hat geschmeckt. Alles bio, heute ein Modewort und ein Marketingkonzept, damals Alltag.

Nicht jeder kann im Schlaraffenland aufwachsen, wie ich seinerzeit. Der Entwicklung des Geschmackssinns ist das egal, jeder findet seine Favoriten. Na klar, es steckt eine riesige Industrie heute hinter Speis und Trank, und die Essgewohnheiten vieler Zeitgenossen gleiten auch deshalb bisweilen ins Abstruse ab. Vegane Ernährung wird immer populärer und verursacht selbst bei Spitzensportlern keinen Leistungsverlust. Ohne zusätzliche Zufuhr von Vitamin B12 und Kalzium aber treten Mangelerscheinungen auf. Regional und saisonal sollte unser Speiseplan aussehen, denn darauf sind wir kondtioniert. Nicht jeder verträgt Gluten oder Lactose, doch es muss aus meiner Sicht nicht auf jedem Lebensmittel, in denen diese Stoffe gar nicht enthalten sein können, deren Nichtexistenz gekennzeichnet sein.

Dem Geschmackssinn in seiner Entwicklung ist es durchaus zuträglich, wenn man ein wenig in der Welt rumkommt. Ich bin gerade am Mittelmeer und eine frische Dorade ist für mich ein absoluter Hochgenuss und Pflichtprogramm, genauso wie beispielsweise ein Eisbein in Berlin oder Tiroler Speck in Österreich. Und alles schmeckt nur dort authentisch, wo es beheimatet ist.

Nun ist der Geschmack aber nicht nur für Genuss und Ekel zuständig, sondern er wurde uns mitgegeben, um uns zu warnen vor Verdorbenheit oder Gift. Hat nicht immer geholfen.

Der mit Abstand wichtigste Sinn ist für uns das Sehen. Wohl dem, der hierin keine Einschränkungen in Kauf nehmen muss. Wie viel Schönheit gibt es zu entdecken, allein in der Natur. Für mich sind die Berge und das Meer die beiden inspirierendsten Naturbühnen überhaupt, aber auch ein Wald, eine Wiese, frisch gefallener Schnee und selbst die Wüste können uns vor Ehrfurcht gegenüber der Schöpfung erstarren lassen. Auch das, was Menschen geschaffen haben, kann durchaus sehenswert sein. Sei es ein Park, ein Gebäude, eine ganze Stadt, ein Schiff, ein Auto, eine Uhr und, und, und.

Das Sehen erst ermöglicht uns das Verlieben oder ermahnt uns zur Flucht, wenn es heikel wird. Forschung wäre nicht denkbar ohne Augen und technische Hilfsmittel, genauso wenig die meisten Sportarten oder die schon erwähnte bildende Kunst. Nahezu alle Berufe erfordern den Einsatz unserer Augen, ebenso die allermeisten Medien oder Fortbewegungsarten.

„Die Augen sind der Spiegel unserer Seele." Drei Zehntelsekunden entscheiden über Sympathie oder Ablehnung. Das weiß jeder Bewerber um einen Job, oder er sollte es zumindest wissen. Es gibt die sprichwörtliche Liebe auf den ersten Blick, meiner Meinung nach sogar nur diese. Und wer geschult ist, die Augen seines Gegenübers zu lesen, der kann sich übelster Bekanntschaften erwehren. Liebe und Freundschaft werden im Weiteren noch eine große Rolle spielen, ebenso der winzige Moment der Gegenwart – der Augenblick.

Kommen wir zum Hören. Auch hier geht es fast schon ums Ganze. Das perfekte Gehör des Musikers und des Dirigenten lässt musikalische Meisterwerke entstehen. Ähnliches gilt für den Instrumentenbauer. Der harmonische und melodische Klang einer Stimme löst Wohlgefallen aus oder Tiefenentspannung. Der Gesang von Vögeln oder Walen ist nicht nur Forschungsobjekt, sondern eine Quelle tiefsten Entzückens, vorausgesetzt es geschieht zur rechten Zeit.

Der Klang kann uns aber auch eindringlich warnen, man denke an das Martinshorn, die Sirene, die Hupe, das Quietschen von Reifen, das Pfeifen des Sturmes oder das Grollen im Vulkan, in der Lawine, beim Erdbeben. Kopfhörer im Straßenverkehr zu tragen, sollten sich nur die versiertesten Verkehrsteilnehmer anmaßen, vorausgesetzt, es ist überhaupt zulässig. In der Stille, im nicht hören können lauern große Gefahren. Ein Tornado ist still in seinem Zentrum, ein Tsunami lässt alles verstummen, ein Elektromotor arbeitet nahezu geräuschlos, ein Raubtier oder ein Krieger bewegen sich lautlos und böse Menschen haben keine Lieder.

Neben den vielen externen Tönen gibt es auch eine innere Stimme. Sie zu hören, erfordert Stille, erfordert Meditation. In buddhistischen Ländern wird der Urton „om“, eigentlich „aum“ von den Mönchen und ihren Gebetsmühlen hörbar gemacht. Er klingt im ganzen Universum, in jeder Zelle.

Der Geruchssinn hängt unmittelbar mit dem Geschmack zusammen. Wem die Nase zugehalten wird, der kann bei geschlossenen Augen nicht verifizieren, was er gerade isst. Der Duft einer Rose oder einer Zitrone kann einem die Sinne rauben und auch hier ist die Industrie mit diversen Erzeugnissen präsent. Diese Duftwässerchen erfreuen und regen an. Dabei wird auch der Effekt ausgenutzt, dass unsere Sexualität über gewisse Stoffe, die Pheromone, stimuliert wird. Während der Pubertät bilden sich im Intimbereich neue Drüsen, die unsere Fortpflanzung beflügeln. „Das Parfüm“ von Patrick Süskind ist große Literatur, aber schwere Kost, und zeigt, wie nahe Genie und Wahnsinn beieinander liegen, wenn man mit einem Duft die Welt erobern will.

Gerüche können anlocken, aber auch warnen. Deshalb markiert der Kater sein Revier, wird Erdgas durch Zusatzstoffe riechbar gemacht oder aber Buttersäure bei einem Rivalen ausgebracht.

Gefährlich sind nicht riechende Stoffe wie Kohlendioxid, Kohlenmonoxid oder Quecksilber. Dagegen ist unsere Abwehr machtlos und die Tragik hat freie Bahn.

Wenn wir uns als Menschen nicht riechen können, sind alle Annäherungsversuche vergebens. Die Chemie muss stimmen.

Unser fünfter Sinn ist das Tasten. Das Wahrnehmen taktiler Reize beschert uns im Kindesalter erste Begegnungen mit dem Schmerz. Ob spitz, scharf, heiß, hart oder schwer – all das sind negative Erfahrungen mit unbekannten Objekten.

Meisterhaft im Erspüren sind notgedrungen die Blinden, die so nicht nur Wege finden, lesen oder teilweise schreiben können, sondern auch einen Computer bedienen.

Genial sind auch Heiler in der manuellen Therapie, der Osteopathie oder der craniosakralen Balance. Meister Vidyananda spricht voller Begeisterung von einem „Mozart“, wenn jemand auf diesen Gebieten Außergewöhnliches zu leisten vermag.

Extremkletterer bewegen sich heute im elften Grad. Sie könnten an einer Raufasertapete senkrecht hochsteigen. Oft tun sie das ungesichert, ihrem Tastsinn sei Dank.

In den beiden zuletzt behandelten Themen Bildung und Sinne kam es bei mir zu Überschneidungen. Ich habe diese nicht absichtlich eingebaut, auch nicht bewusst vermieden. Abgrenzungen oder Gegensätze (Dualitäten) reduzieren sich, wenn wir über den Tellerrand hinausblicken. Wenn wir das Ganze sehen, wenn wir unsere innere Wahrheit oder unsere Mitte gefunden haben, wird alles eins.

Auf dem Weg dahin arbeiten wir zunächst die ästhetische Phase weiter ab.

Der heranwachsende Mensch, bei wachem Verstand und funktionierenden Sinnen, erlebt eine Welt voller Schönheit. Er entdeckt seine Fähigkeiten, aus denen Lieblingsbeschäftigungen werden. Er entwickelt den Genuss in vielerlei Hinsicht. Er wird neugierig und eignet sich Wissen an. Er ist Getriebener und lässt nichts aus. Er beginnt zu unterscheiden, insbesondere danach, was für ihn gut oder schlecht ist. Er erlebt elterliche Fürsorge, meistens einhergehend mit Mutterliebe. Er erringt Erfolge und erleidet Niederlagen. Er knüpft Freundschaften, weil ohne Gefährten kein Glück erfreulich istEinen Freund erkennt man daran, dass er dich mag, obwohl er dich kennt.

Mit der Pubertät erwacht die Sexualität und mit ihr das Schwärmen. Die Hormone drängen uns meistens zum anderen Geschlecht. Abweichungen davon sind heutzutage zum Glück nicht mehr strafbar. Ob es nun Extratoiletten für das dritte Geschlecht geben muss, wage ich zu bezweifeln, aber meine Einstellung zur Politik hab ich ja schon dargelegt.

Mit der ersten Liebe verändert sich alles. Wir stellen fest, dass sich die Welt nicht allein um uns dreht. Wir betreten Neuland.

Unsere Gedanken machen den Gefühlen Platz. Wir würden für den geliebten Menschen alles tun, ja sogar unser Leben geben. Passiert gar nicht so selten. Wir erleben allergrößte Euphorie und im gleichen Atemzug tiefsten Hass. Hass auf den oder die, die uns unsere Liebe streitig machen könnten. Diese Eifersucht hat oft nur eine imaginäre Quelle, aber sie macht uns rasend.

Liebe und Hass, die größten Emotionen, zu denen wir imstande sind, existieren plötzlich zeitgleich in ein und demselben Wesen. In uns. Dabei hat uns der Verstand doch gelehrt, in Gegensätzen zu denken. Der Weg, die Gegensätze aufzulösen, führt also über die Gefühlsebene.

Dann gibt es noch die, die wir nicht erreichen oder mit uns bekanntmachen können. Unsere Idole, auch für die schwärmen wir. Die Musik der Jugend begleitet uns ein Leben lang, auch wenn sie nicht unbedingt die ambitionierteste ist. Sie macht uns fröhlich oder traurig und wird für uns zeitlos. Sie löst Schwingungen in uns aus, die nennt man Resonanz, wenn die Frequenz des gehörten Liedes mit unserer inneren Eigenfrequenz übereinstimmt. Wir nehmen diese Lieder auf, kaufen uns die Tonträger oder streamen sie, je nach Verfügbarkeit.

Idole können auch Wissenschaftler, Maler, Bildhauer Philosophen, Menschenrechtler oder Revoluzzer sein. Als Ernesto Che Guevara in Bolivien erschossen wurde, war ich fünf Jahre alt. Sein Konterfei war neben dem von Jimi Hendrix das bekannteste Motiv auf den T-Shirts dieser Zeit. Hat es seitdem nie wieder so gegeben. Als ich dann seine Geschichte las, war ich hin und weg. Und viel später, als gestandener Mann, trug auch ich sein Bild auf der Brust. Dabei war der Mann doch auch Finanzminister, also Politiker, in Kuba. Hatte ich nicht gerade gesagt, dass mich Politik nicht fasziniert? Was für ein Gegensatz, oder doch schon seine Auflösung?

Lasst mich noch ein wenig weiter auf diese Begebenheit eingehen, wenn wir schon in der ästhetischen Phase sind. Ich sah dieses Shirt in Wien, zu einer Zeit, als es nicht mehr Mainstream war. Ich sah es und wusste in dieser Sekunde, das will ich haben. Es war eine unvorhersehbare Situation und meine Entscheidung spontan. Diese Spontaneität gehört in die Zeit des Schönen. Man kann sie nicht trainieren, aber man kann sie durch Offenheit und Neugier fördern. Sie geht vielen Menschen verloren, die wenigsten fahren mit einem Taxi einfach nur so zum Spaß nach Paris. Diese Zeilen deuten darauf hin, dass insbesondere Künstler das Spontane lieben und bewahren, oft bis ins hohe Alter. Und noch etwas macht sie besonders – sie sind kreativ. Sie erschaffen nie Dagewesenes. Ihr Credo lautet: „Gehe dorthin, wo niemand vor dir war und hinterlasse eine Spur."

Auch die Kreativität entsteht in jungen Jahren, wenn überhaupt. Malende und musizierende Kinder erfreuen jedes Mutterherz und natürlich ist ihr Sprössling ein ganz besonderer. Ob dieses Talent tatsächlich vorhanden ist, zeigt sich später. Kreativ ist, wer Probleme allein lösen kann. Ohne fertiges Malbuch oder Notenblatt, aber auch ohne Dienstanweisung, ohne Berater, ohne Abkupfern. Ein kreativer Mensch begibt sich auf unbekanntes Terrain. Ein kreativer Mensch hat keine Angst vor dem Scheitern. Ein kreativer Mensch lässt sich auf Abenteuer ein. Ein kreativer Mensch handelt spontan.

Ich bin mir sicher, dass diejenigen, die das Höchste erreichen, spontan und kreativ sind.

Nun kann nicht jeder in seiner Jugend eine schöne Zeit haben. Allein 2019 waren auf der Erde 884 Millionen Menschen von sauberem Trinkwasser abgeschnitten. Der tägliche Kampf um die nackte Existenz ist wichtiger als die Ästhetik. Die Entbehrung ihrerseits lehrt uns Mäßigung und Wertschätzung.

Den schlimmsten Frevel in den armen Ländern begehen für mich die Kriegstreiber, die Kinder zu Soldaten machen. Sie funktionieren gut, weil sie noch keine Skrupel kennen. Dass eine solche

Vita, abseits von Bildung, Schönheit, Anstand und Mitgefühl zu einem erfüllten Leben führen kann, ist nahezu ausgeschlossen. Ein erfülltes Leben ist das Tor in die Unendlichkeit.

Zwingend in die erste Lebensphase gehört für mich das Ausloten von Grenzen, das Ausprobieren hinein. Selbst bestens geeignete Eltern können die Aufmüpfigkeit der Nachkommenschaft nicht verhindern. Es gehört einfach dazu, widerspenstig zu sein. Kinder verneinen und hinterfragen, nur so finden sie ihren Platz und ihre Antworten. Welche Erziehungsmethode dem am besten nachkommt, liegt außerhalb meiner Kompetenz. Persönlich habe ich reichlich den Teppichklopfer zu spüren bekommen, meinen eigenen Sohn aber nie hart bestraft. Auch fanden wir als Eltern es richtig, ihn auf den normalen Bildungsweg in staatliche Einrichtungen zu schicken, das ist näher am wirklichen Leben als die Obhut und Extravaganz in Wolkenkuckucksheim. Am Widerstand entwickelt sich jede Art von Können.

Eine weitere Lebenserfahrung der jungen Jahre ist der Umgang mit Genussmitteln. In der DDR war der Umgang mit dem Alkohol ein sehr offensiver. Spätestens mit der Jugendweihe wussten wir jungen Menschen, wie belebend, aber auch vernichtend dieses Elixier sein konnte. Auch wurde zu meiner Jugend deutlich mehr geraucht. Osho sagt: „Rauchen ist Meditation." Tolles Alibi, nicht

wahr? Heute sind ganz andere Drogen unterwegs und jeder, der sich darauf einlässt, sollte wissen, dass er für seinen Genuss bezahlen muss. Im schlimmsten Falle mit mehr, als sein Konto hergibt.

Betrachten wir nun unsere zweite Lebensphase, die ethische (bei mir die produktive Phase).

Im normalen Alltag kommt erst die Arbeit, dann das Vergnügen. Auf unserem Lebensweg ist es andersrum. Nachdem wir uns ausgetobt haben, heißt es jetzt, Nägel mit Köpfen machen.

Wer die Liebe kennen und schätzen gelernt hat und dabei den passenden Partner für sich fand, der landet irgendwann in einer Beziehung. Die kann durchaus locker und unverbindlich sein, endet aber meistens in der Ehe. Diese ist nicht nur das Absichern der Partnerschaften gegen Dritte, sondern im Christentum sogar ein heiliger Bund. Sie ist der Treueschwur bis hin zum Tod und die Basis für die kleinste soziale Zelle, die Familie. Blut ist dicker als Wasser und verbindet mehrere Generationen miteinander. In einem Tiroler Bergdorf sitzen alle an einem Tisch, von der Großmutter bis hin zum Urenkel. Dies ist keine Postkartenromantik, dies ist selbst erlebt. Nicht nur einmal. Das harte Leben und ein starker Glaube haben die Leute dort enger zusammenrücken lassen als in der großen Stadt. „Viele Wege führen zu Gott. Einer führt über die Berge." So steht es geschrieben auf dem Bergsteigerfriedhof in Kals am Großglockner. Ich denke, nicht nur zu Ehren der Toten, auch zu Ehren der Familie. Heute versuchen sich einige Projekte an sogenannten Mehrgenerationenhäusern. Ein durchaus guter Ansatz, aber weit ab vom Original.

Wenn ich über die schönsten Momente in meinem Leben nachdenke, gehören dazu unbedingt die gemeinsamen Erlebnisse mit meinem Sohn. Er war anfangs häufig krank und ich musste viele Tage opfern, ihn gesund zu pflegen. Damals waren 20 Urlaubstage pro Jahr üblich, aber ich habe sie sehr gern dafür hergegeben oder meiner Frau übertragen. Wenn das Kind leidet, gehen die Eltern durch die Hölle. Die Entschädigung, die uns die Kinder zurückzahlen, wenn sie dann gesund und munter sind, fällt deutlich höher aus als das kleine Opfer an Freizeit. Das Leuchten in den Kinderaugen beim Fußballspielen auf dem Hof, bei den ersten sturzfreien Metern auf dem Fahrrad oder auf Skiern, unter dem Christbaum, bei den Pinguinen im Zoo oder im Eurodisney in Paris – all das waren Sternstunden in meinem Leben. Begegnungen mit dem Göttlichen.

Meine Ehe hat nicht gehalten. Ich habe es selbst verschuldet und damit einiges an Leid über Frau und Kind gebracht. Ich werde meine Strafe dafür annehmen, wenn sie denn kommt. Überhaupt glaube ich an eine finale Gerechtigkeit. Da im Universum nichts ohne Grund geschieht, war die Trennung wahrscheinlich sogar vorgesehen. Sie hat meinen Blick nach innen gelenkt. Der Beginn einer wunderbaren Freundschaft mit der Spiritualität. Heute habe ich ein sehr gutes Verhältnis zu meiner Familie, konnte in den letzten Jahren viel Gutes insbesondere für mein Kind tun, konnte einiges von meiner Schuld abtragen. Ich arbeite weiter daran. Unsere Kinder sind uns nur geliehen.

Die Familie, der ich entstamme, war leider auch nicht harmonisch. Meine Mutter verstarb in diesem Jahr und wir haben sie in Würde bestattet. Ich sprach die letzten Worte und war erstaunt, dass ich es konnte.

Das soll zur Familie genügen. Der produktive Mensch hat ja noch mehr auf dem Zettel. So auch das Absichern seiner selbst und seiner Lieben.

Da wäre zunächst das Dach über dem Kopf. Nach diversen Gemeinschaftsunterkünften wie Internat, Kaserne, WG oder Studentenwohnheim kommt der Tag, an dem die eigene Wohnung zur Begehrlichkeit wird. Nicht bei allen, aber ich rede ja über produktive Menschen.

Gerade junge Paare sehnen sich nach den eigenen vier Wänden und mussten auch schon zu meiner Zeit einiges dafür tun. Wir mussten beispielsweise heiraten, um in Rostock an eine Altbauwohnung unter dem Dach zu kommen.

Jeder Umzug ist ein Kraftakt, jede Renovierung eine Mammutaufgabe. Oft wird die Nacht zum Tag, oft müssen Freunde, Bekannte und Eltern bemüht werden.

Das Resultat ist nicht immer perfekt. Spätestens jetzt wird klar, dass auch handwerkliche Fähigkeiten von großem Nutzen sind. In der DDR gab es dafür das Fach Werken, unsere Schulbildung war allgemein und polytechnisch. Die beste ihrer Zeit, heute von Finnland kopiert. Wer den berühmten Nagel nicht in die Wand bekommt, muss leiden – körperlich und/oder finanziell. Meistens in genau dieser Reihenfolge.

Kommen dann die Kinder dazu, schreit alles nach Expansion. Mehr Quadratmeter, noch mehr Miete. Deshalb ist das eigene Heim die klare Nummer eins auf deutschen Wunschlisten, idealerweise das freistehende Haus im Grünen. Dies ist für viele Menschen die größte Investition und spannendste Herausforderung ihres Lebens, und nicht alle sind ihr gewachsen.

Der produktive Mensch plant nicht nur mit, er packt auch mit an. Er besorgt die Finanzierung, das Grundstück und die Firmen. Er kümmert sich sogar um die Bauherrenhaftpflichtversicherung. Die schlimmsten Bauherren sind in der Regel Lehrer und Verwaltungsbeamte. Das weiß jeder Handwerker und singt ungefragt ein Lied davon.

Ich selbst habe auf einigen Baustellen von Freunden mitgeholfen. Nicht für Geld, ich bin ein Kind des Ostens. Auch bei Meister Vidyananda. Es gab mir stets große Befriedigung. Ich erfuhr jedes Mal Dankbarkeit, eine große menschliche Tugend.

Natürlich habe ich auch selbst gebaut. Zuerst das Firmengebäude, später dann eine erste Ferienwohnung am Mittelmeer, danach das Einfamilienhaus für die Familie. Ist alles ganz gut gelungen und steht heute noch. Nachdem ich alles verkauft habe, baue ich inzwischen wieder an einem Haus, dieses Mal als Einzelkämpfer. Und eine Wohnung in Spanien habe ich auch wieder.

Ich frage mich oft, ob wir Menschen überhaupt Grund und Boden besitzen dürfen. Genau das hat die Gesellschaft seinerzeit gespalten, als der Stärkste eines Tages einen Zaun zog und sagte: „Alles meins!“ Muss ich also ein schlechtes Gewissen haben oder folge ich dem Unvermeidlichen?

Hat nun der Produktive Familie und Obdach erlangt, steht das Wichtigste immer noch an. Die Arbeit.

Sie erst machte die Heimstatt möglich, sofern nicht ein üppiges Erbe empfangen wurde. Das ist heutzutage gar nicht so unüblich, aber hier nicht relevant, weil unproduktiv.

Je nachdem, wie erfolgreich der Bildungsweg verlaufen ist, gestaltet sich das Erwerbsleben. Die akademische Ausbildung wird dabei von den meisten angestrebt. Von den deutschen Schulabgängern schaffen übrigens 17 Prozent einen Hochschulabschluss. Sie werden inzwischen händeringend gesucht und umworben, schließlich haben wir Vollbeschäftigung. Die Verdienstmöglichkeiten locken sehr in Wirtschaft, Politik, Justiz und Medizin. Das sind Karrieren, die nicht zwingend eine gute Physis erfordern, wo man sich nicht schmutzig macht.

Aber auch von seiner Hände Arbeit lässt es sich trefflich leben. An den Fließbändern der Autobauer in Deutschland liegt kein Stundenlohn unter fünfzig Euro, und das für Anlerntätigkeiten.

Handwerker sind rar im Lande und es ist kein Ende der Misere in Sicht. Entsprechend steigen die Löhne. Vollzeit ist nicht mehr begehrt und Urlaub gewährt der Chef nicht unter 30 Tagen. Im Dienstleistungsgewerbe sind die Löhne am niedrigsten, deshalb ist hier der Fachkräftemangel am größten. Allein in deutschen Krankenhäusern fehlen derzeit 17.000 Pflegekräfte.

Stark zunehmend sind in heutiger Zeit die Erschöpfungssyndrome, insbesondere der sogenannte Burnout. Krank werden trotz immer besserer Arbeitsbedingungen ist ein Widerspruch, der sich mir nicht erschließt. Ich selbst erhielt meinen letzten gelben Zettel im Jahre 1985, aber ich gehöre auch zu einer besonderen Spezies. Zu den Selbständigen.

Leute wie wir beschäftigen 70 Prozent aller Arbeitnehmer, fahren dicke Autos und besitzen oft mehrere Immobilien. Wir zahlen die meisten Steuern und können nichts von unseren Erträgen exportieren. Unser Arbeitspensum liegt, gerade am Anfang, bei siebzig Wochenstunden und mehr. Meins ging seinerzeit oft über achtzig bei erbärmlichen zehn Urlaubstagen im Jahr.

Ich halte mich fit durch Sport, und das tun die meisten Chefs, die ich kenne, auch. Ohne uns läuft der Laden nicht, deshalb kommen nur wenige Fehlzeiten zustande.

Ist das Unternehmen dann mal rentabel und erfolgreich, gilt es, diesen Status quo zu bewahren, besser noch, ihn zu steigern. Dazu dürfen wir keine Entwicklung verschlafen und müssen uns permanent weiterbilden. Wir müssen kreativ und aufnahmefähig sein.

Auch die Ordnung sollte immer eine Rolle spielen. Ordnung in den Kontakten, am Arbeitsplatz, zu Hause, in Vertragsangelegenheiten, bis hin zum Testament, im Fuhrpark einschließlich dem Fahrrad und, ganz wichtig, im Kalender. Ein gutes Zeitmanagement erst ermöglicht reibungsfreie Abläufe und Freizeit. Ordnung erst macht Effizienz möglich.

Ich denke, wir, die erfolgreichen Mittelständler, kommen Kierkegaards Ansicht über Produktivität sehr nahe. Der Schlüssel dazu liegt wieder in einer Tugend. Diese Tugend nennt man Disziplin.

Disziplin ist keine Fessel. Disziplin ist Macht!

Das Errungene muss bewahrt bleiben, Verluste vermieden. Nur dann, wenn die Früchte der Arbeit einen sicheren Platz finden, hat sich all die Mühe gelohnt.

Die Strategien der Vermögensverwaltung sind breit gefächert und jeder muss die für ihn passende Anlageform finden.

In Zeiten mit Negativzinsen braucht man sein Vermögen nicht der Bank anvertrauen. Auch das Kopfkissen oder das Einweckglas (darin können Spürhunde es nicht wittern) könnten sich als fatal erweisen, sollte mal wieder eine Währungsreform kommen. Kluge Leute sagen sie im Euroraum längst voraus.

Dann schon eher Edelmetalle in physischer Form akkumulieren. Das ist handfest und wertbeständig.

Kunstwerke werden in der Regel auch nicht billiger, wenn sie dann welche sind. Da das Richtige zu finden, erfordert Sachverstand und einen angemessenen Preis beim Erwerb. Oldtimer und Schweizer Uhren fallen auch in diese Kategorie.

Immobilien, auch gerne im Ausland, sollten einem selbst gehören, nur so kann man uneingeschränkt darüber verfügen. Entscheidend sind Lage und Zustand. Ein Sanierungsfall in einer unattraktiven Gegend ist sicher keine gute Investition. „Hauptsache billig" ist kein Konzept, das taugt. Angebot und Nachfrage regeln den Preis so, dass es keine Schnäppchen gibt.

Fremdwährungen wie der Schweizer Franken könnten eine gute Idee sein, vorausgesetzt, es geht mit der Steuergesetzgebung konform.

Auch kann ein gutes Händchen an der Börse durchaus tolle Renditen bringen. Die Regeln haben sich seit Kostolany geändert, die Auswahl an Produkten ist unüberschaubar. Kauft man Aktien einer Firma, vertraut man sich deren Management an. Einstige Überflieger wie Atari, Nokia oder Sunworld sind heute mausetot, hätte damals keiner gedacht. Der Handel läuft heutzutage im Millisekundenbereich ab, die Akteure sind Computerprogramme, die im Kalten Krieg entwickelt wurden mit der Absicht, den Feind zu vernichten. Darüber sollte man sich im Klaren sein, wenn man mitspielen will im Löwenkäfig der Hochfinanz.

Für mich war die beste Strategie des Werterhalts immer, eine gut funktionierende eigene Firma zu haben. Wenn täglich Geld reinkommt, ist das die größte Sicherheit, die man sich schaffen kann. Ich hatte schon ein klassisches Fitnessstudio, ein nicht subventioniertes Freibad mit Imbiss, drei Sonnenstudios und den größten Rehasportverein in Nordwestmecklenburg, den ich unternehmerisch führte, trotz Gemeinnützigkeit. Ferner hatte ich einen Angelteich an der Ostsee und eine Studentenkneipe in Greifswald, die nicht gut lief, bei der ich aber nur stiller Teilhaber war.

Heute leite ich eine Einrichtung für Gesundheitssport und hoffe, dass dies meine letzte Station als Unternehmer ist.

Ganz schlechte Erfahrungen habe ich mit Beratern gemacht. Diese Sparte ist mir so suspekt, dass mir davon keiner mehr über die Schwelle kommt. Wie kann sich jemand, der nie ein Unternehmen erfolgreich führte, anmaßen, anderen zu zeigen, wo der Frosch die Locken hat? Wüsste er das, hätte er diese Tätigkeit nicht nötig. Dies ist kein generelles Urteil, es sind meine Erfahrungen, und die schließen nicht aus, dass es auch in der Beraterzunft seriöse und ehrwürdige Vertreter gibt.

Was also entscheidet über eine gelungene produktive Phase, über Gelingen oder Scheitern? Nicht das Glück allein, das hält sich nicht über Jahrzehnte. Kreativität und Disziplin hatte ich schon genannt. Gesunder Menschenverstand (in Österreich „Hausverstand") und das richtige Bauchgefühl, die Intuition, sollten ebenfalls mit im Boot sitzen, damit es seetüchtig bleibt. Zur richtigen Zeit das Richtige tun. Hört sich banal an, ist aber großes Kino.

Eine solide Bildung, eine optimale Ausbildung und lebenslange Weiterbildung schaffen einen klaren Verstand. Woher kommt aber die Intuition? Ich könnte jetzt sagen, aus dem Nabelchakra, dem dritten Auge, und aus dem Kronenchakra, aber so weit sind wir noch nicht.

Uns steht noch die dritte Lebensphase bevor, die religiöse.

Wir spüren und genießen das Leben durch unsere Sinne, wir erforschen und meistern das Leben durch unseren Verstand. So weit, so gut. Wollen wir den Sinn des Lebens finden, die absolute Wahrheit, den Masterplan, der hinter allem steckt, benötigen wir noch etwas anderes.

Die religiöse Phase beginnt bei Männern zumeist mit der Midlifecrisis. Eine tiefe Unzufriedenheit stellt sich ein, trotz intakter Familie, einem schönen Zuhause, einer laufenden Firma. Ein Mann der Tat tauscht alles aus. Lediglich die Kinder bleiben davon unberührt, sind sie doch unser eigen Fleisch und Blut. Ich weiß, wovon ich rede. Ich hab das alles durch.

Auslöser dieser Krise ist die Frage: „War es das, oder kommt noch was?“

Antwort: „Probieren Sie es, dann wissen Sie es!“ (Professor Gradewald, Uni Rostock) Später dann: „Was kommt danach?“

Im materialistischen Denken, man nennt es auch das Grobstoffliche, ist mit dem Tod alles vorbei. Dieses Denken kommt nicht über Raum und Zeit hinaus, ist gefangen in diesen Dimensionen. Das Leben ist demnach ein körpergebundener biologischer Prozess, der Anfang und Ende haben muss.

Wäre doch toll, wenn man immer wieder von vorn anfangen könnte.

So toll ist es gar nicht, denn dies ist nicht unser erstes Leben. Das müssen wir deshalb führen, weil wir in den vorangegangenen unsere Mission nicht erfüllt haben, unseren spirituellen Weg nicht zu Ende gegangen sind.

Dies sagt uns nicht unser Bewusstsein, das ist zu klein dazu. Wir brauchen für die Entdeckung unserer Vorleben schon unser Unterbewusstsein, das eine Million Mal größer ist. Aber wie gelangen wir dorthin? Zunächst nur durch unsere Träume, die erlauben uns manchmal Zugang zum Unbewussten.

Genauso wenig, wie der Suchende am Beginn seiner religiösen Phase etwas vom Unterbewusstsein wissen kann, kann es jetzt der staunende Leser. Sorry, ich war zu schnell.

Zurück auf Anfang. Der Fragende entdeckt also seine Endlichkeit. Sein Bewusstsein sagt ihm, dass das Wertvollste, was der Mensch besitzt, das Leben sei. Dieses hohe Gut gilt es nicht zu verschleudern. Deshalb sieht der Mensch in dieser Phase des Daseins viele Dinge mit anderen Augen. Er entdeckt die Schönheit in der Natur, den Pflanzen, den Tieren, den Geräuschen, das Lichttheater, das die Sonne beim Auf- und Untergehen zelebriert und noch vieles mehr.

Manche beginnen Rosen zu züchten, die Enten zu füttern oder schaffen sich einen Hund an.

Mancher stellt das Radio weniger laut oder ganz aus, weil in ihm das Bedürfnis nach Stille erwacht. Er meidet zunehmend Massenveranstaltungen. Ich war in Wacken, auf dem Lausitzring, in Düsseldorf zur Eröffnung der Tour de France und zweimal Teilnehmer am New York Marathon. Alles richtig geil, Woodstock hab ich leider verpasst. Mehr kommt zu dieser Liste nicht hinzu. Die Partys werden weniger, die Beerdigungen mehr.

Er liest geistvollere Bücher oder schaut gehaltvollere Filme, weil ihn das Banale anödet. Mitunter beginnt er ein Studium. Ich stelle für mich fest, dass es noch ganz viele Bücher gibt, die mir fehlen. Gut, dass wenigstens ein paar davon von mir Besitz ergriffen haben.

Er entdeckt viele Ungereimtheiten und Ungerechtigkeiten in einer nicht mehr ganz so heilen Welt und geht dagegen an oder missbilligt sie zumindest. Er tauscht sich mit Gleichgesinnten aus und verteidigt seinen Standpunkt rigoros.

Er geht öfter in die Kirche oder lässt sich taufen. Ein guter Freund von mir hat das getan, ein anderer mit mir zusammen eine Bergpredigt unter dem Gipfelkreuz des Figerhorns in Österreich besucht.

Als bekennender Atheist. Ich habe nur drei gute Freunde.

Die Angst vor dem Tod nimmt ab oder schwindet ganz. Ich bin einst mit Lachgas und Äther narkotisiert worden, alte Schule. Dabei bin ich durch einen hellen Tunnel gegangen. Es war wunderschön. Ich stelle mir vor, dass Sterben so ähnlich geht. Ich fürchte mich nicht mehr davor. Als es geschah, war ich zwölf Jahre alt.

An dieser Stelle ein schönes Bild: Das Universum ist der Ozean, unser Leben ein Welle obendrauf. Irgendwann hat das Meer uns hervorgebracht und irgendwann erreichen wir den Strand und vergehen. Was von uns bleibt, das Wasser der Welle, nimmt der Ozean in sich auf und er erschafft immer neue Wellen. Nie wieder jedoch dieselbe. Unsere Seele geht nicht verloren in der Unendlichkeit. Sie ist aus derselben Substanz. So oder so ähnlich steht es in „Das Buch der Geheimnisse“ von Osho. Ganz nebenbei gesagt ist das eine zauberhafte Beschreibung der Reinkarnation.

Dies alles sind Anzeichen, dass die letzte Phase begonnen hat. Das muss ja nicht immer durch eine Krise ausgelöst worden sein, wie bei mir. Wann es beginnt, hängt vom Grad der Sättigung, dem Ausmaß des Überdrusses ab. Nicht jeder erreicht die dritte Phase. Wer vom Leben nicht genug bekommen kann, bleibt bis zum Schluss in Phase eins oder zwei.

Das Kapitel endet nun. Es ist mein Verständnis davon, wer wir sind und was wir tun.

DER WEG DES YOGA

Zwei Wege führen zum Höchsten, was wir auf Erden erlangen können. Zur spirituellen Explosion. Die hatte ich ja bereits umschrieben mit dem allumfassenden Erwachen, der Vollendung der Seele, der Einkehr ins Nirwana, ins Himmelreich, in die Unendlichkeit oder in die Unsterblichkeit. Mit einem Wort: zur Erleuchtung.

Ein Weg davon ist Tantra, die völlige Hingabe. Eine Technik. Wem diese totale Hingabe mitgegeben wurde, dem genügt zum Erwachen eine Meditationstechnik, derer es laut dem Vigyan Bhairav Tantra einhundertzwölf gibt. In „Das Buch der Geheimnisse" von Osho kann man sie nachlesen.

Es lohnt sich.

Der Weg, den ich jetzt beschreiben will, ist der Weg des Yoga.

Yoga ist Kampf. Es geht, ganz kurz gesagt, darum, Körper und Geist über die Atmung zu vereinen. Der Yogaweg hat acht Stufen (Ashtanga – der achtgliedrige Weg). Aufgeschrieben im Yoga Sutra von Patanjali vor zirka zweitausend Jahren (ist nicht genau überliefert).

Die Qualität der aus diesem ganzheitlichen Weg resultierenden Erkenntnisse wird durch klares Sehen und vollständig richtiges Verstehen gekennzeichnet (nirodha).

Yoga ist im Westen stark in Mode gekommen, allein in Deutschland praktizieren es über zwei Millionen Menschen. Es gibt viele Stilrichtungen, beispielsweise Kundalini, Ashtanga, Vinyassa, Yin, Bikram, Kriya oder das bekannteste, das Hatha Yoga.

Erst mit dem Hatha Yoga kamen die Körperübungen, die Asanas. Zuvor gab es im Yoga nur eine Haltung; den Lotussitz. Den kann aber längst nicht jeder ausführen, ich schon gar nicht, und deshalb wurden über Jahrtausende die heute bekannten Haltungen und Übungen hinzugefügt. Diese haben nur ein Ziel; der Übende muss dahin gebracht werden, lange Zeit und ohne Anstrengung mit geradem Rücken zu sitzen.

Ich selbst gebe auch Yogakurse, seit etwa zwölf Jahren. Der Auslöser dazu war banal. Wir hatten in unserem Fitnessstudio auch Sport auf Rezept, den ambulanten Rehabilitationssport nach §64 SGB, etabliert und eigens einen Verein dafür gegründet. Dieser Sport darf laut Rahmenvereinbarung mit den Kostenträgern nur in Kursform angeboten werden. Wir hatten zu der Zeit nur eine Dame für den Kursbereich und uns mit ihr überworfen. Daraus klüger geworden, beschloss ich, selbst Kursleiter zu werden, nicht nur für Wirbelsäulengymnastik, auch für Yoga.

Ich nahm seit 2005 alles mit, was ich an Ausbildung und Fortbildung bekommen konnte, und besitze heute zwei DOSB Lizenzen für Sport in der Prävention und in der Rehabilitation sowie ein Zertifikat als Yogalehrer. Die Qualität dieser Schulungen war nicht immer die höchste, hervorheben möchte ich einen Workshop mit Brian Kest, dem Erfinder des Power Yoga in Hamburg, und einen zum Thema „Die Hüfte" in Hagenow bei Meister Vidyananda, der damals noch Rainer Kersten hieß. Gerade dieser Kurs, der so genial war wie nichts, was ich davor kannte, hat mich neugierig gemacht auf seine Lehre vom Chi, im Yoga nennt man es Prana. Es war mein Einstieg in die Welt der Energielehre und der Meditation, ausgelöst durch eine fehlgeleitete Mail in meinem Spamordner, den ich selten öffne. Zufall? Niemals!

Ich gebe auch heute noch neun Kurse pro Woche im Asana Gesundheitssport in Schwerin, meiner aktuellen Firma. Meine Mitarbeiter und ich sind erfolgreich, die Firma grundsolide. In den Yogakursen versuche ich, meine Teilnehmer/-innen nach und nach für die Atmung und die Meditation zu sensibilisieren, ohne dabei Techniken weiterzugeben, die nur ein Meister lehren darf, beispielsweise die Paternosteratmung. Die kommt bei Osho nicht vor – okay, ist ja auch kein Yoga.

Das Yoga (eigentlich „der“) übrigens ist viel mehr als Gymnastik, es ist auch keine Religion. Es ist eine Lebensphilosophie. Es ist ein Weg nach innen, zu unserem wahren Selbst. Wir stellen nach und nach fest, dass sich unsere Wertvorstellungen und somit auch unser Verhalten uns selbst und der Welt gegenüber ändern.

Nun aber weg von meinen Befindlichkeiten, hin zu Patanjali (ca. 400 Jahre nach Christus) und der ersten von acht Stufen.

YAMA – die Haltung gegenüber der Umgebung

An dieser Stelle könnte ich die zehn Gebote anführen, die allerdings geben zumeist vor, was man nicht tun sollte. Deshalb bemühe ich meine eigenen Gedanken und beginne mit der Achtung.

Schon den Eltern und ihrem Lebenswerk gebührt lebenslange Achtung. Auch wenn sie nicht immer alles richtig und schon gar nicht nach unserer Auffassung gemacht haben, so haben sie unser Leben doch erst ermöglicht, uns ernährt, uns umsorgt, uns nach bestem Wissen und Gewissen erzogen und vor allem haben sie uns geliebt. Vielen Familien, die heute zerrüttet sind, hat es an Achtung gegenüber den Eltern gefehlt. Auch alle anderen Menschen, mit denen wir uns einlassen, verdienen Achtung, auch dann, wenn wir mit ihnen nicht konform gehen. Das Minimum darin liegt, meiner Meinung nach, im Zuhören. Diejenigen, die wir meiden, sind diesbezüglich außen vor.

Jeder Mensch hat das Bedürfnis nach Anerkennung. Das sollten wir nie vergessen. Gerade Kinder sind in dieser Hinsicht sehr sensibel und reagieren extrem eingeschnappt und verbittert, wenn man ihr Tun nicht würdigt. Aber auch wir Erwachsenen wollen Anerkennung spüren, sonst kündigen wir Arbeitsstellen, Vereine, Stammtische und Bekanntschaften. Auch sollte die Leistung des Gegners anerkannt werden, gerade dann, wenn es eine Auseinandersetzung auf Augenhöhe ist – im Sport nennt man das Fairplay.

Der Grundbaustein moralischen Handelns liegt im Mitgefühl. Hat jemand Schlimmes durchgemacht und Verluste jeglicher Art erlitten, dann sollten wir wahrhaft mitfühlend sein und Trost spenden, versuchen, neue Hoffnung zu geben. Manchmal genügt die haltende Hand, manchmal ein Taschentuch. Oft stellt sich bei den Betroffenen Hilflosigkeit und Resignation ein, dann sollten wir ungefragt Unterstützung und Hilfe anbieten. Wird sie abgelehnt, war es diesen Versuch allemal wert.

Auch verdienen unsere Wegbegleiter Respekt. Genau wie wir selbst, handeln sie nach bestem Wissen. Nicht jeder ist zu Spitzenleistungen fähig, aber wenn er sich bemüht, haben wir das zu respektieren. Respektlosigkeiten, die heutzutage oft auftreten, sind Unpünktlichkeit, Drängeln (auch am Esstisch), Besserwisserei und Handynutzung, während man sich unterhält oder unterhalten werden will (Konzert oder Theater). Allergrößten Respekt verdienen die Aufopferungsvollen, die Selbstlosen und die Helfenden. Ich selbst habe allergrößten Respekt vor den kleinen Leuten. Das sind die, die den Laden am Laufen halten, die Karre aus dem Dreck ziehen und dabei bescheiden und zurückhaltend bleiben. Denen die Pflichten mehr bedeuten als die Rechte. Die sich nie davonstehlen, die keine Ausreden kennen und selbst nie im Rampenlicht stehen. Sie sind überall. Die wahren Helden sind die Gefallenen.

Kommen wir zum Vertrauen. Vertrauen ist die leiseste Form von Mut. Gehen wir Beziehungen ein, funktionieren sie nur, wenn es keinen Zweifel gibt. Sei es im Elternhaus, in der Freundschaft oder in der Partnerschaft. Anders sieht es aus, wenn Fremde um unser Vertrauen buhlen. Nahezu jede Bank, jede Versicherung, jeder Fondsmanager und jeder Berater wollen, dass wir ihnen vertrauen. Woran das wohl liegt? Auch gibt es Berufe, die nur auf Vertrauensbasis funktionieren, nehmen wir den Arzt, den Anwalt oder den Steuerberater – die Vertrauenswürdigkeit ihnen gegenüber wird durch deren Verschwiegenheitspflicht untermauert. Wer Politikern vertraut, sollte darauf achten, was sie nach der Wahl so treiben, wenn sie alles damit rechtfertigen, sie besäßen ja das Mandat.

Aufrichtigkeit, ein großes Wort. Eigentlich ganz einfach zu praktizieren, denn es gibt ja nur eine Wahrheit. Die ist aber nicht immer glasklar zu erkennen und schon beginnen die Spekulationen, kursieren die Gerüchte. Deshalb tut jeder gut daran, nur das von sich zu geben, was er wirklich weiß. Und das kann nur das selbst Erlebte, selbst Gefühlte und selbst Wahrgenommene sein. Nur dann taugt man zum Zeugen und zur Liebe.

Über die Dankbarkeit hatte ich bereits gesprochen. Sie sollte jedem von uns ein Bedürfnis sein, sie kommt aus dem Herzen. Alle, die gut zu uns sind, haben unseren Dank verdient. Auch sollte man für jedes Geschenk, für jeden nützlichen Hinweis, für jedes gute Gespräch, für Gastfreundschaft, für jegliche Art der Hilfe und für in uns gesetztes Vertrauen dankbar sein. Dann bleibt unser Herz rein.

Nehmen wir als Nächstes die Höflichkeit. Nur ein Narr ist unhöflich. Es bereitet so wenig Aufwand zu grüßen, jemanden vorzulassen, einen Platz anzubieten; kurz gesagt, sich zu benehmen. Niemand muss dazu Knigge auswendig lernen oder zum Rosenkavalier mutieren, gesunder Menschenverstand genügt. Das Höchste an Höflichkeit ist zugleich das Einfachste. Ein Lächeln.

Das kostet nichts und wird überall auf der Welt verstanden. Es öffnet Türen und Herzen, es nimmt Ängste und Zweifel. Und wenn es zurückkommt, hattest du einen guten Tag. Der Gottkönig von Tibet, der Dali Lama, lächelt immer. Bei den Päpsten fällt mir da nur Karol Wojtyła ein.

Viele Yogaanhänger sind vegan. Ich halte es für absolut legitim, auch die Tiere unsere Güte spüren zu lassen. Die Haltungsbedingungen verbessern sich gerade, das Tierwohl ist plötzlich ein Thema, der Fleischverbrauch geht zurück. Das nützt allen.

Das sind so die Dinge, die zum Gutsein gehören. Nicht zum Gutmenschentum, das ist etwas anderes und gehört hier nicht her. Natürlich gehört ein gesetzeskonformes und an der Moral angelehntes Leben ohne Morden, Verletzen, Stehlen, Lügen, Betrügen, Beleidigen, Verleumden, Verunglimpfen, Herabwürdigen oder Ehe brechen dazu. Auch solche Todsünden wie Neid, Geiz, Gier, Wollust, Völlerei sollten wir anderen und uns zuliebe besser weglassen und beschreiten durch diesen geschickten Übergang Pfad zwei des Yogaweges

NI YAMA – die Haltung uns selbst gegenüber

Beginnen wir mit einer Eigenschaft, die den Produktiven innewohnt und die man lebenslang aufrechterhalten sollte. Die Disziplin. Ich nannte sie schon und nannte sie eine Macht.

Das folgende Zitat stammt von Carlos Castaneda aus seinem Werk „Das Wirken der Unendlichkeit“. Ich werde ihn ein paarmal zitieren und dazu muss Folgendes erklärt werden. Sein Meister heißt Don Juan Matus, ist Schamane eines altmexikanischen Indianerstammes und nennt sich selbst einen Zauberer. Die Suchenden nach Erleuchtung nennt er Krieger Wanderer, die genauso wie der Yogi den kämpferischen Weg wählen.

Zitat:
„Mit Disziplin meine ich keine strengen Routinen. Ich meine nicht, dass man jeden Morgen um halb sechs aufsteht und kaltes Wasser über sich kippt, bis man blau wird. Zauberer verstehen unter Disziplin die Fähigkeit, gelassen den Unkalkulierbarkeiten zu begegnen, die außerhalb unserer Erwartungen liegen. Für sie ist Disziplin eine Kunst. Es ist die Kunst, sich der Unendlichkeit zu stellen, ohne mit der Wimper zu zucken, und zwar nicht, weil sie stark und verwegen sind, sondern weil sie tiefe Ehrfurcht empfinden."

Muss man zweimal lesen und bringt zwei neue Aspekte in die Disziplin. Gelassenheit und Ehrfurcht.

„Von der Gelassenheit" ist ein großes Werk des römischen Philosophen Seneca. Er gehörte zu den Stoikern, das Buch ist zeitlos. Ich habe es momentan verborgt, kann deshalb nicht daraus zitieren, aber ich will darüber plaudern. Gelassenheit kommt nicht im Kindesalter, es ist ein Prozess. Es tut uns gut, nicht sofort mit der Brechstange zu reagieren, wenn wir Ungerechtigkeit empfinden, sondern es erst mal sacken zu lassen. Gelassenheit ist keine Gleichgültigkeit, eher eine Form der Geduld, des Ruhebewahrens. Wir verschwenden wertvolle Lebensenergie, wenn wir aufbrausend oder panisch werden. Ein Meister der Gelassenheit weiß das und sieht selbst seinem eigenen Tod entspannt in die Augen.

Castandea schreibt dazu:
„Für Zauberer ist der Tod ein Vorgang der Einigung, an dem jeder Teil ihrer Energie beteiligt ist. Bei Zauberern gibt es keine Leiche, wenn der Vorgang der Einigung stattfindet. Ihr ganzer Körper ist in Energie verwandelt worden, in Energie mit einem Bewusstsein, das nicht zersplittert ist. Die Grenzen, die ihr Organismus aufgerichtet hat und die der Tod niederreißt, funktionieren im Fall der Zauberer immer noch. Allerdings sind sie mit bloßen Augen nicht mehr zu sehen. Wenn Zau-

berer die verborgene Alternative zum Tod wählen, verwandeln sie sich in anorganische Wesen, sehr spezialisierte, sehr schnelle anorganische Wesen, die zu unglaublichen Manövern in der Wahrnehmung fähig sind. Die Zauberer beginnen damit, was die Schamanen im alten Mexiko ihre letzte Wanderung nannten. Die Unendlichkeit wird ihr Wirkungsbereich. Die alten Zauberer nahmen an, dass das Bewusstsein dieser Art anorganischer Wesen so lange dauert, wie die Erde lebt. Die Erde ist ihr Nährboden und ihre Matrix. Solange es die Erde gibt, besteht ihr Bewusstsein.“

Castaneda gelingt hiermit eine Beschreibung der astralen Ebene. Ich komme später darauf zurück.

Den Stoiker berühren weder die Fehler, die Schwächen, die Lügen, die Untaten und Verbrechen und auch nicht die Dummheit der anderen. Er ruht in sich selbst.

Auch die Ehrfurcht oder Demut gehören zu dem, was unser Leben bereichert. Wir sollten die Schöpfung mit all ihren Wundern ehrfurchtsvoll bewundern. Sollten voller Demut unser täglich Brot zu uns nehmen und uns an unserer Gesundheit erfreuen. Auch dürfen uns große menschliche Taten und Leistungen tief berühren. Ein wahrer Christ betritt die Kirche voller Demut. Ein anständiger Jäger erweist dem erlegten Wild die letzte Ehre. Ein guter Bergsteiger hat den Gipfel nicht bezwungen, er weiß, der Gipfel hat ihn heraufkommen lassen. Er würde nie einen heiligen Berg angehen.

Castaneda schreibt dazu: *„Er (sein Meister Don Juan) sagte, das Rückgrat des Krieger Wanderers seien Demut und Effizienz. Das heißt, dass man handelt, ohne etwas zu erwarten, und alles erträgt, was einem auf dem Weg begegnet.“*

An anderer Stelle: „Krieger Wanderer beschweren sich nicht, sie betrachten alles, was ihnen die Unendlichkeit vorsetzt, als Herausforderung. Eine Herausforderung ist eine Herausforderung. Sie ist nichts Persönliches. Man kann sie nicht als Fluch oder Segen betrachten. Entweder siegt ein Krieger Wanderer, oder die Herausforderung vernichtet ihn. Es ist jedoch aufregender, zu gewinnen. Also gewinne!“

Demut zu haben vor der Aufgabe, die vor uns liegt, ist also angebracht. An ihr zu scheitern, ist keine Option.

Weiter geht's mit dem, was uns guttut. Und jetzt kommt der Genuss.

Ich habe darüber schon einiges gesagt, Genießen ist das Öffnen der Sinne für das Schöne. Wenn wir genießen, hören wir auf zu denken, und da wollen wir doch hin.

Freie Zeit ist heute ein seltenes Gut, das jeder genießen sollte. Ich habe inzwischen viel davon. Das ist wahrer Reichtum.

Und dann ist da noch etwas, was uns höchsten Genuss bereiten kann; Alleinsein und Stille. Alleinsein kann uns größte Schmerzen bereiten, wenn es uns zugefügt wurde. Dann wird daraus Einsamkeit, die viele alte Menschen ereilt. Alleinsein kann uns höchste Freude bereiten, wenn wir selbst gewählt haben. Kommt dann noch die Stille dazu, dann ist es die Vorstufe zur Meditation. Die eigentliche Meditation ist die innere Stille, aber so weit sind wir noch nicht.

Gut für uns ist ganz bestimmt eine gesunde Lebensweise. Nur so können wir unseren vergänglichen Körper länger benutzen und auch unser Gehirn, das wir ja noch brauchen.

Zahn- und Körperpflege gehören zwingend dazu. Ich gehöre nicht zu denen, die täglich zwanghaft duschen müssen. Ein halbes Jahr lang stand mir, mitten im Winter, nur eine Aluschüssel mit kaltem Wasser zum Waschen und Rasieren zur Verfügung. Mir und der ganzen Kompanie. Wir lagen täglich im Dreck und haben es mit Todesverachtung literweise über uns geschüttet. Keiner ist davon krank geworden. Die morgendliche kalte Dusche stammt aus der Yogatradition.

Beim Zähneputzen bin ich deutlich engagierter.

Sport ist nicht nur gesund, er ist eine Verurteilung auf lebenslänglich. So sage ich es meinen Patienten und Kunden. So lebe ich es selbst.

Die Leistung oder das Abschneiden sind dabei nicht entscheidend, aber wer sich messen will, darf das gerne tun.

Sportler werden nachweislich nicht älter, aber sie sterben gesünder. Und sie hatten zuvor ein Leben voller geiler Momente. Da werden Hormone ausgeschüttet, die mehr berauschen als jede Droge (die ich so kenne).

Nur ein Beispiel. Wir, einer meiner drei Freunde und ich, sind dieses Jahr die Elbe hinaufgeradelt. Von mir zu Hause aus sind wir bei Dömitz an den Fluss gefahren und blieben dort bis Dresden. Etwa 480 Kilometer an drei Tagen. Wir hatten jeden Tag Sonne, leider aber auch Gegenwind. War aber nicht schlimm, denn ich durfte die allermeiste Zeit lecken, also im Windschatten fahren. Wir haben Landschaften und Orte gesehen, die niemand von uns ohne die Tour jemals besucht hätte. Alles war umgeben vom Zauber des Frühlings; sattes Grün, blühende Bäume, Störche ohne Ende, Sonnenuntergänge wie im Bilderbuch. Ein dreitägiger Orgasmus.

Bitte nur nachmachen, wenn der Körper es hergibt!

So verstehe ich Sport. Zusammen starten und zusammen ankommen. So entstehen Freundschaften. Die Idee zu diesem Roadmovie kam von mir, Sie kam aus dem Nichts. Daraus geworden ist ein fantastisches Alles.

Da gibt es aber auch noch die ungesunden Sachen, die so gar nicht dazu passen wollen. Das Bier im Ziel haben wir uns nie nehmen lassen; nach keinem Marathon, nach keiner Radtour (bis zu 350 Kilometer bei der letzten Zootour von Rostock nach Eberswalde, an einem Tag), nach keinem Sonntagslauf, nach keinem Berggipfel (und das waren viele).

Darüber hinaus habe ich viele Zigaretten und hochgeistige Getränke auf und in mich wirken lassen. Laut Sartre lebt der Mensch nicht, er wird gelebt.Guter Mann, und wieder ein Freispruch für mich. Vielleicht auch ein weiteres Beispiel dafür, dass Gegensätze sich auflösen und zu einer Einheit verschmelzen. So wie alles zu seiner Zeit.

Gut tut es uns auch, wenn wir uns selbst lieben. Nicht narzisstisch, sondern mit allen Ecken und Kanten. Was spricht dagegen, uns mal selbst zu loben und damit die Seele zu streicheln? Was stört uns der Bauch oder die Glatze? Sind die Falten nicht rechtmäßig erworben? Haben wir nicht doch schon viel erschaffen und erreicht? Haben wir nicht tolle Kinder gezeugt? Haben wir nicht eine tolle Frau/einen tollen Mann an unserer Seite?

Grund zum Jubel? Ja klar, und nicht zu knapp! Seid es euch wert, nur wer sich selbst liebt, kann auch andere lieben.

Um Zufriedenheit zu erlangen und in jeder Lebenssituation gelassen zu reagieren, sind die Selbstreflexion und kritische Analyse unseres Denkens und Tuns gute Hilfen. Unterstützend dabei können das Studium philosophischer Schriften und die Askese sein. Viele schwören dabei auf das Fasten. Ich habe es zweimal gemacht und dabei festgestellt, dass sich mein Denken und meine Reaktion verlangsamen. Das Gehirn braucht Kohlenhydrate.

Hingabe im Yoga bedeutet Hingabe an Gott, der inneren Stimme zu folgen und auf den Fluss des Lebens zu vertrauen.

Natürlich tun uns auch Bildung und kreatives Handeln gut. Alles schon besprochen und erledigt.

ASANA, Körperübungen

Die dritte Stufe auf dem Weg des Yogi steht bevor.

Die Asanas sind das, was sich der Unbedarfte unter Yoga vorstellt. Es gibt über 200 verschiedene Körperhaltungen, mit denen wir unsere körperliche Flexibilität, unsere Muskeln, Organe und Nerven trainieren. Wir erzielen damit Stabilität und die Harmonie von Körper und Geist.

Wir aber wissen bereits, dass Yoga viel komplexer ist, siehe Stufe eins und zwei. Yoga ist ein Aufstieg, bei dem man keine Stufe auslassen oder überspringen darf, um sie später nachzuholen. Alles ist streng geregelt.

Auch darf man gewisse Yogaformen, wie das Kriya Yoga, nicht ohne die Einweisung durch einen Meister praktizieren.

All die vielen Autodidakten, die sich aus Büchern und Videos ihre Anleitung holen, mögen sich zwar eines Tages sehr versiert bewegen können, Yogis werden sie deshalb nicht.

Populär sind auch Reisen nach Indien. In den Ashrams, den Yogaschulen, herrschen mitunter rabiate Zustände. Dort werden Übende in Haltungen gepresst, die sie selbst nicht ausführen können. Das ist nicht nur schmerzhaft, sondern auch kreuzgefährlich. Unser unterer Rücken (auch Kreuz genannt) oder die Kreuzbänder in unseren Knien sind nicht unendlich belastbar und deshalb hochgradig verletzungsanfällig (man beachte das Wortspiel).

Ein Asana muss bequem sein. Und das bedeutet, ganz klar gesagt, man muss in ihm mühelos atmen können. Das ist das Kriterium! Sollte es noch nicht gelingen, heißt es üben, üben, üben. Ich brauchte drei Jahre für Halasana, den Pflug (Rückenlage, Füße hinter dem Kopf abgestellt).

Nicht jeder wird jemals alle Stellungen einnehmen oder halten können. Wer durch Fußball spielen verkürzte Adduktoren hat, kann sich den Lotussitz gleich abschminken, vielleicht sogar auch den Schneidersitz. Bei desolater Halswirbelsäule sollte man den Kopfstand meiden, bei Gleichgewichtsstörungen den Tänzer usw.

Yoga ist kein Sport. Es kennt keinen Wettbewerb. Man mag sich an der Anmut und der Flexibilität der anderen im Raum erfreuen, aber es besteht kein Zwang, es genau so perfekt hinzubekommen. Yoga kann aber im Leistungssport eingebunden sein. Dazu muss man nur mal eine Eiskunstläuferin beobachten. Noch viel mehr dieser Übungen findet der geschulte Blick bei den Tänzern, egal ob Ballett, Standard oder auf der Straße bei den Hip-Hoppern oder Breakdancern.

Yoga ist gesund. vorausgesetzt man bewegt sich auf seinem Level. Es gibt inzwischen jede Menge Bücher, die gewisse Übungen bei gewissen Beschwerden empfehlen. „Medical Yoga" wurde von Ärzten entwickelt und gab mir schon wertvolle Aufklärung und Übungsfolgen, sogenannte Flows.

„Faszientraining mit Yin Yoga" wurde von Andrea Kubasch und Dirk Bennewitz geschrieben. Ich habe mehrere ihrer Workshops in Hamburg Winterhude besucht. Die beiden haben „Power Yoga Germany" gegründet und sind echte Könner. Das erwähnte Buch enthält unter anderem die Reihe für den unteren Rücken und ist das Beste, was ich je meiner Lendenwirbelsäule und der meiner Kursteilnehmer angetan habe.

Die erfolgreichsten oder zumindest populärsten Schmerztherapeuten in Deutschland sind Frau Dr. Petra Bracht und ihr Mann Roland Liebscher-Bracht. Beide sind begeisterte Yoga Praktizierende, ihr Konzept beruht hauptsächlich auf Dehnung, oft dem Yoga angelehnt.

Kleine Randnotiz: Ich arbeite ja auch auf diesem Gebiet und habe selbst schon einige Übungen und Flows entwickelt, die sehr gut funktionieren. Dabei nutzte ich auch meine Kenntnisse aus der Mechanik, deren Gesetze natürlich auch im menschlichen Körper gelten. Hier nennt man es Biomechanik. Fakt ist; ich bin Maschinenbauingenieur und Roland Liebscher-Bracht ist es auch.

Tschüss, Dualität von Mensch und Maschine. Die hat auch eine Seele. Sagt ein guter Freund.

Die Stilrichtungen des Yoga haben unzählige Asanas hervorgebracht, im Stehen, Sitzen, Liegen, Vierfüßlerstand, Kniestand und seit einiger Zeit sogar im Hängen. Es wäre an dieser Stelle möglich, ganz viele von ihnen zu beschreiben oder zu interpretieren. Dann würde dies hier jeglichen Rahmen sprengen.

Mein liebstes Asana ist übrigens der Yoga Kopfstand. Es ist eine Umkehrhaltung. Nichts Unanständiges, sondern eine Position, bei der der Kopf unter dem Herzen ruht, ähnlich wie bei der tiefen Vorbeuge, dem Schulterstand oder dem herabschauenden Hund. Diese Haltungen haben einen wunderbaren physiologischen Effekt; die Schwerkraft auf die inneren Organe kehrt sich um und auch der Kreislauf arbeitet in einer verkehrten Richtung. Viel wichtiger jedoch ist die energetische Bedeutung dieser Übung. Aufrecht atmen wir von oben (Nase, Mund) nach unten (Lunge). Die Energie steigt beim Einatmen von unten nach oben auf. Das tut sie auch, wenn wir auf dem Kopf stehen, jetzt jedoch atmen wir ebenfalls aufwärts. Hochinteressant, nicht wahr?

Da es auf der Yogatreppe noch fünf Stufen weiter aufwärts geht, verlassen wir jetzt das Grobstoffliche, die körperliche Ebene.

Nicht vergessen: Die Asanas wurden entwickelt, damit der Übende lange Zeit ohne Anstrengung gerade sitzen kann.

PRANAYAMA, Atemübungen

Über unserer grobstofflichen Ebene, dem Körper, thront die feinstoffliche Ebene, das Bewusstsein. Yoga will beide zusammenführen, diese Dualität verschwinden lassen. Als Medium dazu dient die Atmung.

Die ist weit mehr als der Gasaustausch in den Lungen. Sie ist unsere Verbindung mit der universellen Energie, dem Chi, dem Ki, dem Prana. Sie fließt immer und überall im gesamten Kosmos. In diesem Jahr wurden Gravitationswellen und schwarze Löcher erstmals nachgewiesen und sichtbar gemacht. Entdeckt hat sie das größte Genie des 20. Jahrhunderts, Albert Einstein. Man hat ihm lange nicht geglaubt. Die Energie in einem schwarzen Loch ist so groß, dass sie selbst das Licht und die Zeit verschlingt. Die Masse sowieso.

Der Nachweis dieser Energie ist mit dem sogenannten Ki-Ball-Spiel relativ einfach. Dazu formt man beide Hände zu Halbschalen und dreht sie in geringem Abstand gegenläufig, als wollte man eine Bulette oder einen Berliner (Pfannkuchen) herstellen. Irgendwann bemerkt man zwischen den Händen eine Reaktion, ähnlich der Abstoßung zweier Magneten. Dann vergrößert man den Abstand, während man weiter dreht, so lange, bis man diesen Widerstand gerade noch spürt. Man kann dieses Spiel so lange fortsetzen, bis die Arme gestreckt seitlich ausgebreitet sind. Nicht jeder spürt was, das hängt mit der spirituellen Reife zusammen. Ich benutze diese Methode, um festzustellen, ob das Umfeld energiereich ist. Hat mir beim letzten Hauskauf sehr geholfen. Die Kraft, die da zwischen den Händen wirkt, ist keine Luftströmung, kein Magnetismus, keine Elektrizität, keine Thermik und keine Gravitation. Es ist Prana.

Unsere Welt beruht auf zwei Zuständen; Yin und Yang. Das Symbol dieser beiden Komponenten ist ein Kreis, der durch eine Wellenlinie, bestehend aus zwei Halbkreisen, ähnlich einer Sinuskurve, in eine schwarze und eine weiße Hälfte geteilt wird.

Schwarz steht für Yin. Die Mondseite, die Erde, den Winter, den Schatten, die Nacht, das Passive, die Emotion, die Stille, die Ruhe, die Kälte, den Tod, das Wasser, das Tal, das Weibliche. Weiß steht für Yang. Die Sonnenseite, den Himmel, den Tag, das Aktive, das impulsgebende Prinzip, das Rationale, die Bewegung, die Wärme, das Leben, das Feuer, den Berg, das Männliche.

Die Addition von Yin und Yang bildet das harmonische Ganze. Nimmt ein Aspekt zu, nimmt der andere ab. So bleibt die Gesamtbilanz des Ganzen erhalten.

Erst mit der Atmung nimmt unser Körper diese Energie auf und lebt. Ein fortgeschrittener Yogi kann die Atmung bewusst in die Muskeln lenken, die das vorgesehene Asana ausführen. Dann benötigt er keine Kraft für die Bewegung. Meine Teilnehmer beherrschen inzwischen alle die Technik, den Atem in die seitlichen Schultermuskeln zu lenken. Und schon heben sich die Arme. Was passiert dabei? Unser Bewusstsein möchte, dass sich die Arme seitlich heben. Der Atem lenkt das Prana in die dafür vorhandenen Deltoidmuskeln und der Körper führt die Bewegung aus. Geht natürlich auch beim Frontheben. Prana wird in kinetische Energie umgewandelt.

Ziemlich faszinierend, nicht wahr (Testen ausdrücklich erlaubt)? Wenn es nicht sofort klappt – üben, üben, üben.

Auch kann man, bei höherem Niveau in Pranayama, eine andere Form der Energie, die Wärme, in jede beliebige Körperregion leiten oder sie von dort abziehen. Mir gelingt das inzwischen sehr gut, da hab ich wohl im letzten Leben mal gut aufgepasst. Gezeigt hat mir diese Dinge gewiss niemand.

Zwischenstopp! Ein neues Jahrzehnt beginnt. Ich beende das alte mit einem sehr guten spanischen Rotwein und einem Lied der Böhsen Onkelz Die empfehlen, auf gute Freunde zu trinken. Dem schließe ich mich gerne an. Bei einer verlorenen Liebe fällt mir das Anstoßen schon deutlich schwerer, es sei denn sie lässt sich zurück gewinnen. Neue Ziele sind Ansporn für weiteres Tun, also auch einen guten Tropfen wert. Erreicht man alle, sind sie laut Karajan zu niedrig angesetzt. Die eigene Endlichkeit ist gut auszuhalten, wenn man auf ein sehr erfülltes Leben zurück blicken kann. Alle meine Bedürfnisse sind längst befriedigt, die meisten Aufgaben erledigt.

Zwei Fragen stellen sich dem Nachdenkenden in solchen Momenten: „War das alte Jahr gut?“ und „Wie wird das neue Jahr?“ Wir können uns erinnern und die Vergangenheit denken. Wir können versuchen, vorauszuschauen und die Zukunft denken. Nie den Augenblick. Der entzieht sich unserem Denken und ist damit für unseren Verstand nicht greifbar, sondern nur für unsere Empfindung.

Neujahr 2020. Weiter geht's mit Pranayama.

Es gibt verschiedene Atemtechniken. Grundsätzlich atmet der Yogi immer durch die Nase. In Indien ist es üblich, Yoga mit einer Nasenspülung vorzubereiten. Bei starkem Schnupfen ist gutes Yoga nicht möglich.

Man kann in den Bauch, die Flanke und die Brust atmen. Das erreicht jeder durch spezielle Mudras (Stellungen der Hände).

Bauchatmung: beidhändig die Spitzen von Daumen und Zeigefinger sanft zusammendrücken Flankenatmung: beidhändig die Spitze des Zeigefingers in die Daumenmitte drücken Schlüsselbeinatmung: beidhändig die Zeigefingerspitze in das Daumengrundgelenk drücken Der Druck der Zeigefingerspitze auf die genannten Punkt aktiviert Energiekanäle, sogenannte Nadis. Bei der Bauchatmung füllen wir die Lunge unten, bei der Flankenatmung mittig und bei der Schlüsselbeinatmung oben. Niemand kann sich der Wirkung dieser Mudras entziehen.

Die vollständige Yogaatmung füllt unsere Lungen komplett. Wer sie beherrscht, hat einen zwanzig Prozent höheren Sauerstoffanteil im Blut. Ich habe sie gerne beim Streckentauchen als Rettungsschwimmer eingesetzt. Damit sind fünfundzwanzig Meter nicht besonders lang.

Das linke Nasenloch aktiviert unser Yin. Das kann beim Einschlafen sehr hilfreich sein. Meister Vidyananda unterwies uns diesbezüglich in die Mondatmung. Der Ungeübte kann sich für ein besseres Einschlafen einfach das rechte Nasenloch zustopfen.

Das rechte Nasenloch aktiviert unser Yang. Hilft beim Aufstehen morgens oder wenn Bewegung angesagt ist.

Für den Ausgleich beider Seiten gibt es im Yoga die Nasenwechselatmung, Nadi Sodhana. Dabei schließt der Daumen das rechte Nasenloch, der Ringfinger das linke. Der Wechsel erfolgt stets nach der Ausatmung. Also: Aus, ein, Wechsel. Aus, ein, Wechsel usw.

Die Feueratmung (Kapalabhati Pranayama) wird im Kundalini Yoga gelehrt und ist eine aktivierende Atmung für Körper und Geist. Sie ist anregend und reinigend, aufmunternd und belebend. Sie soll helfen, uns aufzurichten, Kundalini, die Schlange, aufsteigen zu lassen. Die Ausatmung wird dabei dynamisch ausgeführt, die Einatmung schwach. Normalerweise machen wir es anders herum. Ich selbst praktiziere sie nicht. Mich hat kein Meister darin eingewiesen.

Die Bastrikaatmung verläuft ähnlich, aber langsamer. Sie spielt die Hauptrolle im Hormonyoga, das von der Brasilianerin Dinah Rodrigues entwickelt wurde, und an Frauen gerichtet ist.

Die mit Abstand wichtigste Atemform im Yoga ist die Kehlkopfatmung, die mächtige Atmung, die siegreiche Atmung, die Meeresrauschenatmung, kurz und knapp: die Ujjayi Atmung. Mit ihr gelingt es, den Atem zu kontrollieren, zu dosieren und zu steuern. Ich praktiziere sie bei jedem Asana und in der Meditation. Ich erkläre sie meinen Teilnehmern immer so: Haucht auf eure Hand.

Tut es noch einmal, jetzt aber mit geschlossenem Mund. Dauert nicht lange, funktioniert meistens schon beim ersten Versuch.

Das hat mir niemand beigebracht. War ganz plötzlich, ganz spontan, einfach da.

Zwischen der Ein- und Ausatmung kann man Pausen einbauen. So entstehen die Dreier- und die Viereratmung. Je länger die einzelnen Phasen sind, umso besser. Bei der Viereratmung sollte jede Phase – Einatmen, Halten, Ausatmen, Halten – mindestens zehn Sekunden andauern. Oberster Grundsatz dabei ist es, nicht hastig oder gierig zu werden, in der Ruhe liegt die Kraft.

Meditative Atemtechniken wie die Paternosteratmung und die Zwölferatmung erlernt man am besten bei einem Meister. Ich praktiziere beide, gebe sie aber nicht weiter.

Zum Schluss dieses Abschnitts noch etwas Hoffnungsvolles: Zum Erreichen des Höchsten genügt ein einziger perfekter Atemzug. Sagt Yogi Vidyananda.

PRATYAHARA, das Nach-innen-Ziehen der Sinne

Wir verlassen die äußere Hemisphäre, ab jetzt reisen wir nach innen.

Dazu brauchen wir zunächst einen geeigneten Platz. Der sollte warm, durchlüftet und abseits jeden Lärms sein. Wer schnell friert, kann sich zusätzlich etwas anziehen oder eine Decke umlegen.

Der beste Platz ist ein Ashram, der erfüllt alle Voraussetzungen. Diese Räume gibt es nicht nur in Indien.

Noch steht es uns frei, ob wir liegen oder sitzen. Später, in der Meditation, gibt es nur noch den Sitz.

In der fünften Stufe geht es im Grunde um das Ausblenden. Dazu schließt man sinnvollerweise die Augen. Den Geruch, das Gehör, den Tastsinn – all diese Sinne sind mit der Beschaffenheit des Raumes und unserer Matte oder Decke bestens eliminiert, also weitestgehend deaktiviert. Essen und Trinken haben hier nichts zu suchen.

Pratyahara bedeutet, die äußeren und die inneren Reize, auf die unsere Sinne reagieren, umzuleiten oder zu transformieren, und nur das wahrzunehmen, was uns stärkt, aber auch, negative durch positive Gedankenmuster zu ersetzen.

Wie sollte unsere innere Haltung aussehen?

Zunächst müssen wir absolut authentisch sein. Nur wir selbst. Kein Buddha, kein Jesus, kein Meister sein wollen oder versuchen, sie zu kopieren. Verstellen ist ohnehin sinnlos, dort, wo wir hingehen, kennt man uns. Es ist unsere Reise, auf der wir uns befinden. Das kann uns sowieso niemand abnehmen. Einen Schutzpatron zu haben und ihn zu bitten, uns zu begleiten, ist legitim. In meinem Ashram steht ein hölzerner Buddha, den ich mir mal auf La Gomera gekauft habe. In einem Laden, der von Blumenkindern, also Hippies, geführt wurde. Ich wollte nur stöbern und dann sah ich ihn. Ein magischer Moment. Den musste ich haben! Ich hab ihn schon dreimal an sehr kranke Menschen ausgeliehen. Zwei davon konnte er retten.

„Ich bin ich. Alle anderen gibt es schon." So funktioniert Authentizität.

Das zweite Gebot lautet Wunschfreiheit. In die Meditation sollte man ohne die Vorstellung gehen, dass dabei etwas herausspringt. Es gibt nach Osho das Paradoxon des Willens, wonach stets das Gegenteil von dem eintritt, was man sich erhofft oder ersehnt. Ist bei mir schon oft eingetreten. Also bitte nicht nach Schönheit, Jugend, Gesundheit oder gar nach Erleuchtung streben. All diese Begehrlichkeiten am besten hier ausblenden. Wenn es eintreten soll, wird es geschehen. Den Zeitpunkt können wir selbst nicht bestimmen. Ist schon merkwürdig: Wer alles erreichen will, darf sich nichts wünschen.

Kommen wir zur Akzeptanz, dazu dass alles passiert, wie es passieren muss.Egal, wie wir darüber denken, urteilen oder streiten; das Bestehende ist nun mal da. Es ist auch nicht sinnvoll, die Realität zu hinterfragen. Wer sollte das beantworten?

Zu akzeptieren gilt es unser Aussehen und unsere Schwächen. Ich zum Beispiel bin ungeduldig und intolerant. Das krieg ich auch nicht mehr weg. Das steckt ganz tief drinnen.

Sei es eine große Ungerechtigkeit, die uns widerfuhr, eine Verletzung, eine Behinderung, eine Befindlichkeitsstörung oder eine schwere Krankheit, all das müssen wir hinnehmen. Das Wichtigste, das wir akzeptieren müssen, ist unser Tod. Der setzt schon mit unserer Geburt ein und kommt mit großen oder kleinen Schritten. Dies ist kein Krieg, den wir gewinnen können. Gerade wir im Westen haben oft ein großes Problem, das Unvermeidliche anzuerkennen. Der Buddhismus oder der Hinduismus sind uns da weit voraus. Die Entspannungslage auf dem Rücken heißt im Yoga Shavasana, übersetzt: die Stellung der Toten.

Urvertrauen nimmt uns jeglichen Anlass der Schuldzuweisung, der Ursachenforschung und der Angst. Wir sind auf dem richtigen Platz, zur rechten Zeit am rechten Ort. Wir haben den Körper und die Konstitution, die wir verdient haben. Das Leben meint es nicht immer gut mit uns, dafür gibt es Gründe, die nicht aus diesem Leben stammen müssen. Sich beschweren, nützt nichts. Wo auch?

Nicht immer finden wir den Partner für das ganze Leben, nicht immer erfüllt sich unser Kinderwunsch. Das kann, muss nicht an uns liegen. Es sollte einfach nicht sein.

Vieles können wir uns nicht erklären, ganz viel werden wir nie erfahren. Ist oft auch besser so. Es gibt für jeden unendlich viele Möglichkeiten. Sie zu erkennen, ist die Kunst.

Dazu Castaneda:Für Krieger Wanderer, so sagte er, sei die Wahl nicht wirklich der Vorgang des Wählens, sondern vielmehr der Vorgang, sich den Aufforderungen der Unendlichkeit mit Meisterschaft zu fügen.

„Die Unendlichkeit trifft die Wahl", sagte er. *„Die Kunst des KriegerWanderers beruht auf der Fähigkeit, der kleinsten Andeutung zu folgen, sich jedem Befehl der Unendlichkeit zu fügen. Dazu braucht ein Krieger Wanderer Mut und Können, Stärke und vor allem Nüchternheit. All diese Eigenschaften zusammen ergeben Meisterschaft!"*

Nüchternheit, ja auch so könnte Urvertrauen zutreffend beschrieben sein.

An anderer Stelle sagt er: *„Es ist das Wesen der Unendlichkeit, einen Plan vor uns auszubreiten, wenn wir erst eine bestimmte Schwelle überschritten haben."*

Na, wenn es so ist, dann rasch über diese Hürde gehüpft. Dann erkennen wir die Idee und wissen, dass alles gut wird. Wohl dem, der so unterwegs ist.

Ein letztes Kriterium für eine gute Vorbereitung auf die Meditation ist es, die Rolle des Zeugen einzunehmen. Wir sind es gewohnt, die Dinge zu regeln, zu agieren, zu interagieren, zu reagieren. Wir sind Macher. Wir sind die Protagonisten, die Akteure, die Hauptdarsteller in unserem Film, der Leben heißt. Wie stehen auf dem Platz, sitzen nicht auf der Bank.

All das nützt uns nichts auf der Reise nach innen. Es versperrt uns sogar den Weg.

Es gibt Meditationstechniken, die uns später nützlich sein können. Zur Erleuchtung führen sie nur dann, wenn man sich von ihnen tragen lässt, nicht selbst der Träger ist. Mit anderen Worten: Die Technik erst mal richtig ausführen und dann schauen, was passiert. Nicht selbst das Ziel erreichen wollen, sondern einsteigen und mitfahren.

Authentizität, Wunschfreiheit, Akzeptanz, Urvertrauen, Zeuge sein. Das alles sind Formen von Loslassen. Irgendwie laufen sie tatsächlich auf das Selbe hinaus, auch wenn sie auf den ersten Blick so gar nichts miteinander zu tun haben.

Und doch ist ihnen etwas absolut Wichtiges gemein. Sie schwächen unser Ego. Sie blenden es aus. Wenn es ganz verschwindet, sind wir am Ziel.

DHARANA, Konzentration

Das Fixieren des Geistes auf einen Punkt in entspannter Körperhaltung mit nach innen gerichteter Aufmerksamkeit bei ruhenden Gedanken, die wir durch bewusste, tiefe Atmung erreichen – das ist die sechste Stufe. Der Konzentrationspunkt unterstützt uns dabei, dass unsere Gedanken nicht abschweifen, was ihre eigentliche Natur ist. Sie sind so agil, um uns gar nicht erst so weit kommen zu lassen. Die absolute Wahrheit hat sich das bestmögliche Versteck gesucht – tief in uns drinnen.

Wir können unsere Aufmerksamkeit auf einen Gegenstand, auf die Flamme einer Kerze (Trataka) oder einfach nur auf unseren Atem richten. Ich habe dazu meine Buddhastatue.

Im Yoga wird Dharana meist mit geschlossenen Augen praktiziert, wobei das dritte Auge, die Stelle zwischen den Augenbrauen, als Konzentrationspunkt dient. Auf dieser Höhe sitzt unser spirituelles Zentrum, physisch die Zirbeldrüse. Dort sind wir hochsensibel und maximal verletzlich, das weiß jeder Scharfschütze.

Lassen Sie mich an dieser Stelle ein wenig mehr auf die Epiphyse, die Zirbeldrüse eingehen, denn sie verbindet Körper und Seele.

Sie liegt in der Mitte unseres Kopfes und verbindet zwei wesentliche Systeme unseres Körpers: das Nervensystem und das endokrine System. Somit stellt sie die Ganzheit unseres Organismus her.

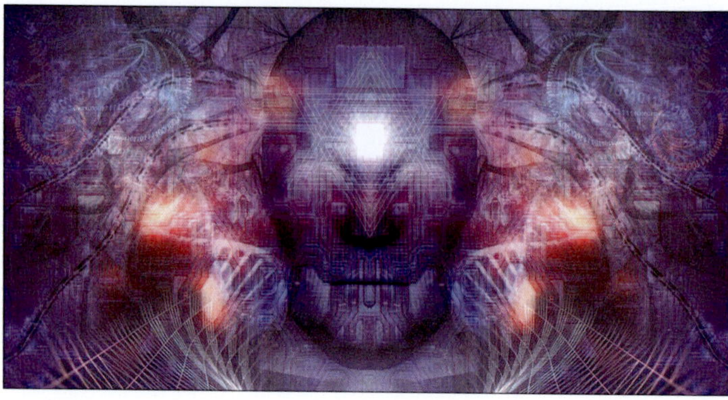

Als Drüse produziert sie wichtige Substanzen, sogenannte Neurotransmitter, wandelt sie um und gibt sie in den Körper ab. Sie wirkt im Hormonhaushalt und steuert biochemische Abläufe.

Bei Neugeborenen hat sie einen Durchmesser von ca. 30 Millimetern und schrumpft dann auf ein Maß von 5 mal 8 Millimeter zurück. Bei den meisten Menschen ist sie ab dem zwölften Lebensjahr auf ihre biochemische Rolle reduziert. Kinder sind intuitiv und von Natur aus spirituell, doch diese Fähigkeit geht mit dem Erwachsenwerden verloren. Sie hat einen mit Wasser gefüllten Inhalt und verkalkt mit dem Alter.

Die Ursachen dieser Verkalkung erläutere ich später, möchte jedoch zunächst die Funktion des tannenzapfförmigen Organs (lateinisch Corpus pineale) beschreiben.

Die Zirbeldrüse wandelt unser Glückshormon, das Serotonin, in das Hormon Melatonin um. Vorausgesetzt sei hierbei, dass überhaupt Serotonin im Organismus vorhanden ist. Wir nehmen etwa 75 Prozent des Serotonins (5-Hydroxytryptamin, kurz 5-HT) aus der Nahrung auf. Es kommt vor in frischem Obst und Gemüse, die großzügigsten Spender sind Bananen, Kiwis, Pflaumen, Tomaten und Kakao. Deshalb macht Schokolade glücklich.

Die Umwandlung in Melatonin ist aufwendig und findet dann statt, wenn der Lichteinfall auf die Hornhaut der Augen am geringsten oder gar nicht vorhanden ist. Melatonin regelt unseren Schlaf- Wach- Rhythmus und wird deshalb nachts, im abgedunkelten Raum und mit geschlossenen Augen produziert. Die Epiphyse reagiert schnell und verärgert auf einfallendes Licht durch die geschlossenen Augenlider. Wer tagsüber nicht schlafen kann, verhält sich biochemisch normal. Die eigene persönliche Uhr wird auch von einem Teil des Hypothalamus im menschlichen Gehirn reguliert und gegen Entgleisungen gesichert. Jetlag und Schichtarbeit erfordern eine Höchstleistung der Drüsen, damit derartige Verstimmungen wieder ins Lot kommen.

Melatonin reguliert auch unseren Fettabbau, weil dieser zu einem großen Teil nachts stattfindet.

Melatonin steuert unsere Schlafphasen, es leitet die Tiefschlafphase ein. In dieser Phase erholt sich der Organismus intensiv, die Psyche verarbeitet über die Träume die Geschehnisse des letzten Tages und es wird das Wachstumshormon ausgeschüttet, welches für Heranwachsende sehr bedeutsam ist. Für Bodybuilder galt es lange als anabole Geheimwaffe.

In Deutschland ist Melatonin nur auf Rezept erhältlich, Spaniens und Österreichs Apotheken sind meine Bezugsquellen, nicht für dicke Arme, sondern für eine hoch effektive Einschlafhilfe, wenn die Gedanken rotieren.

Eine weitere enorm wichtige Substanz unserer Zirbeldrüse ist das Hormon Dimethyltryptamin, kurz DMT. Der Forscher Dr. Rick Strassman führte zwischen 1990 und 1995 eine klinische Studie durch, die den Einfluss der Zirbeldrüse auf den menschlichen Körper und seine Psyche zum Thema hatte. Er nannte das DMT auch das „Molekül des Bewusstseins". Bei einer aktiven Zirbeldrüse schüttet der Körper eine konstante Menge an DMT im Laufe des Lebens aus. Besonders hoch ist die Menge jedoch in besonders intensiven Phasen des Lebens, bei der Geburt und beim Sterben.

Das DMT wird auch als psychedelische, also bewusstseinserweiternde Substanz bezeichnet. Während chemische DMT in Form von LSD oder Heroin nur dahingehend konsumiert werden und abhängig machen, wirkt das körpereigene DMT ganzheitlich und ist an über einhundert Prozessen im Körper beteiligt. Es erzeugt keine Nebenwirkungen und erlaubt uns in Parallelwelten vorzudringen, wenn wir offen dafür sind. Man nennt dieses Phänomen auch Astralreise, wobei nahezu jeder von uns im Kindesalter unbewusst einmal oder mehrfach eine solche unternommen hat. Ziel dabei ist es, den Körper einschlafen zu lassen und sich darüber bewusst zu sein. Solange der Geist wach bleibt, kann man mit individuellen Austrittstechniken den Körper verlassen und massive bewusstseinserweiternde Erfahrungen gewinnen. Der Geist verlässt den Körper – praktisch eine Nahtoderfahrung.

Dr. Strassman fand auch heraus, dass jeder Mensch erst am 49. Tag der Schwangerschaft in seinen Körper eintritt, weil genau dann, wissenschaftlich nachgewiesen, eine erhöhte Menge an DMT ausgestoßen wird. Nur bis zu diesem Tag ist ein hormoneller Schwangerschaftsabbruch möglich, das ist Schulmedizin. Genau wie beim Embryo am 49. Tag nach seiner Zeugung findet auch beim Sterbenden die Einflussnahme von DMT ohne einen funktionierenden Hirnkreislauf statt, ist also abgekoppelt vom Herz-Blutkreislauf. Die Wirkung des DMT beschränkt sich auf das Gehirn, weshalb man es auch als „Seelenmolekül“ bezeichnet, als Schnittstelle zwischen Körper und Seele.

Für meine Ausführungen ist es relevanter, über eine andere Möglichkeit erhöhter Ausschüttung von Dimethyltryptamin nachzudenken, als Geburt und Tod es sind. Es ist die Meditation. Dabei wird die „Meisterdrüse der menschlichen Hormone“, also die Zirbeldrüse, durch die intensive Abschottung des Bewusstseins von äußeren Störfaktoren und kreisenden Gedanken aktiviert. Bei Meistern der Meditation konnte durch Messung der Hirnaktivität eine zehntausendfach höhere Neubildung von Synapsen nachgewiesen werden als bei Otto Normalo, der nur etwa drei Prozent seiner kognitiven Möglichkeiten nutzt. Spirituelle Praxis bereitet uns auf höhere Zustände des Bewusstseins vor!

René Descartes (1596 bis 1650), der Begründer des Rationalismus, soll über die Zirbeldrüse gesagt habendass es eine kleine Drüse im Gehirn gibt, in der die Seele ihre Funktion spezieller ausübt als in jedem anderen Teil des Körpers.(Quelle Wikipedia: Les Passions de l'âme, Art. 31)

Im Hinduismus gilt diese Drüse als Sitz des sechsten Chakras, mit Wohnsitz in der Mitte der Augenbrauen, und soll der Verbindung von Mensch und Kosmos dienen. Auch ihre Bezeichnung als „das dritte Auge" deutet darauf hin, dass wir von hier aus fähig sind, unsichtbare Felder wahrzunehmen und uns mit der geistigen Energie der Weisheit und Erkenntnis zu verbinden. Ist dieses Auge aktiviert, besteht eine starke Verbindung zur Intuition. Das führt zur Vereinigung mit dem höheren Selbst, der inneren Führung oder der göttlichen Inspiration. Das „geöffnete" dritte Auge erzeugt Hellsichtigkeit, Klarheit, Präsenz, Telepathie und Visualisierungsfähigkeiten, ja sogar außerkörperliche Erfahrungen.

Doch was lässt unsere Zirbeldrüse verkümmern?

Erdmagnetfelder, Elektrosmog, künstliche Lichtquellen, negative Emotionen, Sinnesüberreizung und Umweltgifte, allen voran künstliche Fluoride, werden als potenzielle Ursachen betrachtet.

Durch Ablagerungen und Verkalkungen nimmt die Funktionsfähigkeit der Zirbeldrüse immer mehr ab.

70 Prozent des Trinkwassers in den USA wird Fluor zugesetzt, in Europa, auch in Deutschland, ist das nicht der Fall. Viele Zahnpasten enthalten Fluor, um Karies vorzubeugen – verschlucken sollte man dieses Putzmittel keinesfalls. Verarbeitete Lebensmittel enthalten dieses Gift (die Dosis macht's) ebenso wie Antihaftbeschichtungen von Bratpfannen oder Pestizide, mit denen spätere Nahrungsmittel besprüht werden. Auch Kalzium als Nahrungsergänzung verstopft die Zirbeldrüse.

Als Gegenmaßnahmen seien Bio-Lebensmittel, Tamarinden als Frucht oder Paste (kenne ich nicht), Bor, Leberreinigungen oder Sauna angeführt. Wichtigste Waffe im Kampf für eine intakte Zirbeldrüse ist die spirituelle Praxis, die Meditation.

Von der Mitte unserer Augenbrauen aus kann man eine gedachte Verbindungslinie über das Ende unserer Wirbelsäule mit Keilbein und Epiphyse an die Schädelbasis ziehen. Diese Waagerechte kreuzt unseren Hauptenergiekanal, die Sushumna, die senkrecht zwischen dem ersten und dem siebten Chakra verläuft. In der Seitenansicht dieser beiden Linien ergibt sich das Symbol des Christentums. (siehe nachfolgendes Bild) Auf die verwendeten Begriffe gehe ich später genauer ein.

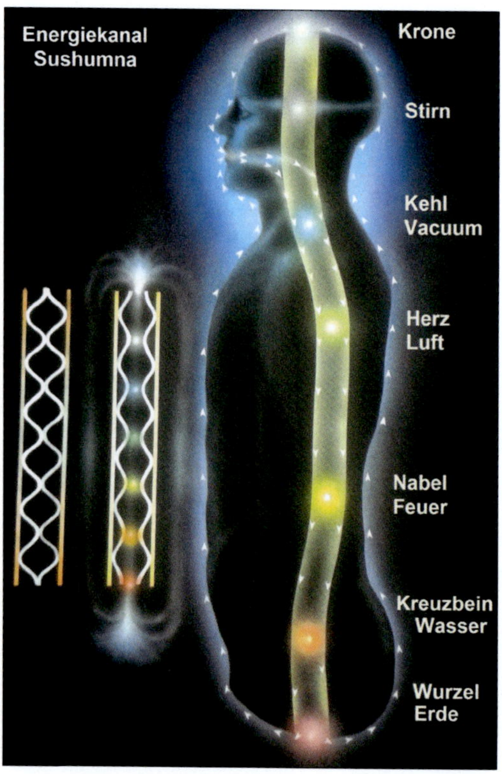

Das dritte Auge ist extrem energiereich. Indische Frauen decken es oft mit einem Punkt aus Henna ab, um die Haut an dieser Stelle nicht zu verbrennen.

Wer durch das dritte Auge sehen kann, erkennt die Ausstrahlung eines Menschen, die Aura. Es ist der höchste Zustand unseres Bewusstseins, den wir auf Erden erlangen können.

Castaneda beschreibt es als anorganisches Bewusstsein.

Zitat: „*Heute hast du dein anorganisches Bewusstsein gefunden, es dann gesehen, wie es wirklich ist. Der irreduzible Rest von allem ist Energie. Was uns betrifft, so ist das direkte Sehen von Energie das Entscheidende für einen Menschen. Vielleicht gibt es darüber hinaus noch andere Dinge, aber die sind uns nicht zugänglich.*“

Ja, es gibt noch zwei höhere Bewusstseinsebenen, das Unterbewusstsein und das Überbewusstsein. Mehr dazu später.

Wer noch nicht so weit ist, und Energie direkt sehen kann, der kann sie vielleicht thermisch spüren. Dazu habe ich eine Atemübung entwickelt, die meinen Kursteilnehmern größtenteils gelingt.

Man schließe die Augen und stelle sich vor, im Inneren des Schädels brennt eine Kerze, dicht hinter der Stirn, zwischen den Augenbrauen. Die Kerze strahlt Wärme aus. Um die Haut zu kühlen, atme man, nach innen gerichtet, direkt dorthin. Die Wärme zieht sich von der Stirn zurück, weil der Atem die Flamme nach innen drückt. Es wird dort angenehm kühl.

Nun atme man zu dieser Stelle hin aus. Die Flamme wird von innen an die Stirn gedrückt und es wird dort regelrecht heiß, kurz vor einer Verbrennung. So findet man sein drittes Auge.

Auch Trataka, das Betrachten einer Kerzenflamme mit permanent geöffneten Augen, ist eine grandiose Konzentrationsübung.

Dazu muss man wissen, dass unsere Augen ohne einen Wimpernschlag erst nach einer halben Stunde austrocknen. Normalerweise schlagen unsere Wimpern alle drei Sekunden. Ich mache diese Übung gern für zwei Minuten. Dabei ist der Reiz, zu blinzeln, nach etwa zehn Sekunden überstanden. Nicht bei jedem, ich habe es lange selbst geübt, um sicherzugehen, dass es funktioniert.

Das Bild versuche ich dabei auf unscharf zu stellen, das heißt, bewusst mit meinem dritten Auge zu sehen. Oft verschwimmt es, oft sieht man zwei Flammen.

Ach ja, wenn man trotz geöffneter Augen keine Flamme mehr sieht, haben sich Augen und Gehirn entkoppelt. Der Blick geht nach innen. Du bist am Ziel!

Sehr hilfreich für das Ausschalten unserer Gedanken ist es, einfach nur den Atem zu beobachten. Ganz einfach dadurch, festzustellen, welches Nasenloch gerade aktiv ist. Bei der Nasenwechselatmung gibt es ja den Rhythmus aus – ein auf der einen Seite, danach kommt der Wechsel, aus – ein auf der anderen. Dies erzeugen wir durch das wechselseitige Zudrücken der Nasenlöcher mit Daumen und Ringfinger.

Doch das brauchen wir gar nicht unbedingt. Dies ist unsere natürliche Atmung, unser Körper strebt von sich aus den Wechsel von Yin und Yang an. Bei mir passiert das ganz von allein. Ich kann zu jedem Zeitpunkt, auch mitten in der Nacht, genau vorhersagen, durch welches Nasenloch ich als Nächstes ein- oder ausatme. Dies funktioniert nur bei wenigen meiner Teilnehmer.

Dieses Beobachten der Atmung ist übrigens besser als Schafe zählen, wenn der Schlaf kommen soll. Noch besser ist die Mondatmung, aber die darf ich nicht erklären.

Mit der Konzentration stellt sich bei uns ein ganz besonderer Zustand ein. Die innere Stille. Dazu noch ein letztes Mal Carlos Castaneda:

„Don Juan definierte innere Stille als einen besonderen Seinszustand, in dem die Gedanken ausgeschaltet sind und man aus einer anderen Ebene heraus und nicht durch das alltägliche Bewusstsein agiert. Er betonte, innere Stille bedeute die Unterbrechung des inneren Dialogs, der ständig alle Gedanken begleitet, und sei deshalb ein Zustand umfassender Stille."

DHYANA, Meditation

Für die Meditation, die Krone der Energiearbeit, gibt es verschiedene Beschreibungen. Eine Versenkung in das innere Selbst.

Ein kontinuierliches Verweilen des Geistes in der Verbindung des Gegenstandes aus der Konzentration ohne Willensanstrengung.

Das Festhalten des Nichts zwischen zwei Gedanken. Das Sehen aus der inneren Stille hinaus.

Ziel dabei ist, unsere Wahrnehmung und somit unser Bewusstsein zu erweitern und zur Selbsterkenntnis zu gelangen.

Im Yoga wird die Meditation oft mit dem Klang eines Mantras praktiziert. Das bekannteste, das „om" bedeutet in etwa: Alles, was war, was ist und was sein wird. Es ist der Urton des Universums. Ich selbst habe zu den Mantras keinen Zugang.

Darüber hinaus gibt es sogenannte Koans. Das sind physikalisch unsinnige Vorstellungen wie: „Ich höre das Klatschen meiner linken Hand." Oder: „Ich sehe das Wasser bergauf fließen." Das Absurde in diesen Imaginationen überlistet unsere Vorstellungskraft und soll darüber hinaus den Verstand eliminieren. Ein großes Ziel, wie ich finde. Es ist mir noch nie geglückt.

Viel erfolgversprechender in der Meditation ist für mich das Verweilen in der Atmung. Da gibt es ganz verschiedene Techniken, die ich bereits im Kapitel Pranayama beschrieben habe. Und dann kann man mit der Atmung in die Chakren gehen, zum Beispiel mit der Paternosteratmung oder deren Steigerung, der Zwölferatmung.

Irgendwann wird auch die Atmung zum Störfaktor, zum letzten Störfaktor. Dann sollte die Meditation ohne irgendeine Technik fortgeführt werden.

Da war doch schon wieder das Wort Chakren. Was ist das? Die folgenden Seiten basieren auf dem Lehrmaterial von Yogi Vidyananda, auch eigene Gedanken sind eingeflossen. Es gibt zu diesem Thema jede Menge weiterführende Literatur, aber vielleicht genügen die folgenden Beschreibungen.

Beginnen wir unten.

Muladhara, das Wurzelchakra, hat die Farbe Rot und befindet sich zwischen Anus und Genitalien. Es ist mit dem Steißbein verbunden und Sitz der Kundalini, der schlafenden Schlangenkraft. Das Ziel der aufsteigenden Kundalini ist die Vereinigung der männlichen und weiblichen Urernergie (Ida und Pingala) und der Möglichkeit, zu einer Einheit zu verschmelzen und damit dem Dualismus zu entfliehen.

Seine Frequenz liegt bei 396 Hz und sein Prinzip ist der körperliche Wille zum Sein.

Ist das Wurzelchakra gestört, gibt es dafür unter anderem nachfolgende Symptome:

- mangelnde Lebensenergie,
- wenig Lebensfreude,
- Existenzängste,
- Misstrauen,
- Phobien,
- Depressionen,
- Darmerkrankungen,
- Kreuzschmerzen,
- Osteoporose,
- Blutdruckschwankungen,
- stressbedingte Erkrankungen oder Allergien.

Das erste Chakra steht für Urvertrauen und Akzeptanz (das habe ich bereits erklärt). Ist dieses aktiviert, stehen wir fest im Leben, auch mental. Es ist der Ort unserer materiellen und finanziellen Basis. Ist es übermotiviert, häufen wir Reichtümer an. Dabei sollten wir keineswegs hier verharren, denn nach Blaire Pascal gilt: „Arm ist, wer nicht genug bekommen kann." Mit meinen Worten: „Wer nichts so sehr ersehnt wie Geld, der bekommt auch nichts anderes." Das stimmt leider immer wieder, deshalb steigen wir höher.

Svadhishthana, das Sakralchakra, hat die Farbe Orange und befindet sich einige Fingerbreit unterhalb des Bauchnabels im Zentrum unseres Kreuzbeines. Es steht für die ursprüngliche Lebenslust und ist der Sitz ungefilterter Emotionen. Hier sind Schaffenskraft und Fortpflanzungstrieb zu Hause. Seine Frequenz liegt bei 417 Hz und sein Prinzip ist die schöpferische Fortpflanzung des Seins.

Ist das Sakralchakra gestört, passiert zumeist Folgendes:

- Unfähigkeit, das Leben zu genießen,
- Motivationslosigkeit,
- Eifersucht,
- Schuldgefühle,
- Sexgier oder sexuelles Desinteresse,
- Suchtgefährdung,
- starke Stimmungsschwankungen,

- Triebhaftigkeit,
- Potenzstörungen,
- Geschlechtskrankheiten,
- Nierenerkrankungen,
- Blasenprobleme,
- Schmerzen in Hüfte oder Lendenwirbelsäule.

Das zweite Chakra steht für Sexualität, Kreativität, Lebenslust, Genuss und Familie (nicht nur biologisch, es kann auch der Freundes- oder Kollegenkreis sein). Hier stehen wir mitten in der ästhetischen Phase. Die engt uns nach Kierkegaard aber irgendwann ein, deshalb entsteht die Sehnsucht nach Höherem.

Manipura, das Nabelchakra, hat die Farbe Gelb und befindet sich ca. zwei Fingerbreit oberhalb des Bauchnabels am Übergang von der Lenden- zur Brustwirbelsäule.

Es steht für die Bildung einer gesunden Persönlichkeit und Durchsetzungskraft.

Seine Frequenz liegt bei 528 Hz und sein Prinzip ist die Gestaltung des Seins, dahingehend, am Ende des Lebens zufrieden mit dem Erreichten zu sein.

Ist das Nabelchakra blockiert, tritt beispielsweise Folgendes ein:
- wenig Lebensenergie,
- Gefühlskälte,
- Gleichgültigkeit,
- Unsicherheit,
- mangelndes Selbstbewusstsein,
- Machtbesessenheit,
- übertriebener Ehrgeiz und Leistungsdenken,
- Rücksichtslosigkeit,
- Wutausbrüche,
- Essstörungen,
- Schlafstörungen,
- mangelnde Durchsetzungskraft,
- Gefühlsblockaden,
- Magenerkrankungen,
- Sodbrennen,
- Gelbsucht,
- Verdauungsstörungen,
- Nervenerkrankungen,
- Diabetes mellitus und
- Übergewicht

Das dritte Chakra steht für Kraft, Spontaneität, Bauchgefühl, Entfaltung der Persönlichkeit und Weisheit aus Erfahrung (nach Schopenhauer). Wessen drittes Chakra gut funktioniert, der kann verantwortungsvoll mit Macht umgehen, ist ein guter Chef. Auch steht es für Disziplin, insbesondere hinsichtlich des Essens, Trinkens, des Fastens und der Süchte. Ganz wichtig im Leben ist ein funktionierendes Bauchgefühl. Es gibt eine direkte Verbindung vom Bauch zum Gehirn, den Vagusnerv. Es ist daher absolut existenziell, auf seinen Bauch zu hören, wenn Entscheidungen anstehen. Es gibt keine kleinen Entscheidungen!

Anhata, das Herzchakra, hat die Farbe Grün und befindet sich in der Höhe des Herzens, mitten in der Brustwirbelsäule.

Es steht in seiner gereinigten Form für die bedingungslose und wahre Liebe. Die Kraft, die sowohl die höchsten als auch die niedrigsten Bedürfnisse zu transformieren vermag.

Seine Frequenz liegt bei 639 Hz und sein Prinzip ist die Hingabe an das Sein, sich darauf einlassen, das Beste daraus machen wollen.

Wessen Herzchakra nicht funktioniert, der erleidet:

- Lieblosigkeit,
- Herzenskälte,
- Verbitterung,
- Kontaktschwierigkeiten,
- Einsamkeit,
- Beziehungsprobleme,
- Herzrhytmusstörungen,
- Angina Pectoris,
- hohen und niedrigen Blutdruck,
- Durchblutungsstörungen,
- Lungenerkrankungen,
- Asthma,
- häufige Erkältungen,
- Allergien,
- Schulterschmerzen und
- Rheuma in Armen und Händen.

Das vierte Chakra ist der Ort, an dem die Liebe wohnt. Es steht für Gefühle, Dankbarkeit, Heilung, Selbstliebe und Sünde. Es wird immer feinstofflicher, wir steigen auf vom Körper zum Geist. Hier im Herzen beantwortet sich die Frage nach dem Sinn des irdischen Lebens. Dieser besteht einzig in der Liebe. Sie gibt allem einen Sinn. Lieben wir also uns selbst, unsere Familie, unseren Partner, unsere Freunde, unsere Arbeit, die Natur, die Kunst und alles, was ansonsten liebenswert ist. Dann stellt sich keine Sinnfrage mehr, dann ist alles glasklar. Dies ist unsere Bestimmung, tausendfach besungen, tausendfach gewürdigt. Das ewig Weibliche, das uns nach Goethe hinan zieht, halte ich für eine seine treffendsten Formulerungen.

Die höchste Form der Liebe ist die Andacht; die Liebe zu Gott.

Vishuddha, das Kehlchakra, hat die Farbe Hellblau und befindet sich zwischen der Halsgrube und dem Kehlkopf am Beginn der Halswirbelsäule.

Es ist die Brücke zwischen der Intelligenz des Herzens und der Intelligenz des Geistes. Es entscheidet, ob man sein Wissen nach weltlichen oder spirituellen Themen ausrichtet.

Seine Frequenz liegt bei 741 Hz und sein Prinzip ist die Seinsresonanz. Mit anderen Worten, sich zum Sprachrohr Gottes zu machen, sein Wissen weiterzugeben und dabei Positives auszustrahlen.

Ist es eingeschränkt, kann Folgendes auftreten:

- Schwierigkeiten bei der Formulierung von Gedanken und Gefühlen,
- Angst, seine eigene Meinung zu vertreten,
- Hemmungen,
- Schüchternheit,
- kein Zugang zur inneren Stimme,
- Heiserkeit,
- Halsschmerzen,
- Zahnfleisch- oder Kieferentzündungen,
- Über- oder Unterfunktion der Schilddrüse und Antriebsschwäche.

Das fünfte Chakra steht für Kommunikation, Wissen, Intelligenz und Zuhören. Wenn wir schon bis zum Herzen offen sind, sollten wir in der Lage sein, das Wunderbare weiterzugeben und zu teilen. Dazu brauchen wir die Fähigkeit, uns ausdrücken zu können oder Gottes Sprachrohr zu sein. Ein begabter Pianist spielt die Noten einen Sekundenbruchteil, bevor er sie im Kopf hat. Er wird gespielt, er ist die Verbindung zum Göttlichen. Mein Sohn ist Bassist und hat mir dies bestätigt.

Gern darf man auch ein Buch schreiben; ich merke gerade, dass dieses eines wird.

Alle diese fünf Chakren stehen mit unserem Leben und unserem Bewusstsein in Verbindung. Durch meine zahlreichen Erklärungen im Vorfeld habe ich ihr Wesen, ihre Bedeutung und ihre Funktion ziemlich ausführlich beschrieben. Wem das nicht genügt, dem stehen abertausende esoterische oder spirituelle Werke zur Verfügung

Wir verlassen das Bewusstsein und erklimmen den nächsten Gipfel, das Unterbewusstsein, und gelangen damit zum sechsten Chakra. Zuvor eine Grafik von Yogi Vidyananda über den Platz der fünf unteren Chakren in unserem physischen Bewusstsein, das wir danach hinter uns lassen.

Die drei Bewusstseinsebenen des Menschen

(von Rainer Kersten©)

Bewusstsein

Grobstofflicher Körper (aus Fleisch und Blut)

In Cranio-Sprache: Cranio-Rhythmus

Physikalisch: Atome (gasförmige, flüssige und feste Stoffe)

Heilige Dreifaltigkeit im Christentum: „Der Sohn" (Körper Jesu)

Bewusstseinszustand: Wachzustand

„Göttliche Qualität": Licht

Gleichnis: „Du sitzt am Schreibtisch und lernst ALLES über Wasser!"

„KWON" (Faust, steht symbolisch für den Körper)

Kommunikation/Wissen

Emotionen/Liebe

Essen/Trinken/Macht

Familie / Sexualität

Geld/Materialismus

Mach's gut, Bewusstsein. War schön mit dir, aber der Berg ruft.

Ajna, Stirnchakra oder inneres Auge hat die Farbe Tiefblau und befindet sich in der Tiefe des Kopfes in der Region der Hypophyse. Das dritte Auge, ca. ein cm über und zwischen den Augenbrauen, ist „nur“ die Verlängerung des sechsten Chakras an die Körperoberfläche, über die die Energieaufnahme erfolgt.

Geöffnet und in harmonischer Funktion, vermittelt es uns die Fähigkeit zur Intuition, zu außersinnlicher Wahrnehmung bis hin zur Telepathie.

Hier sitzt die inspirierende Kraft der Meditation.

Sein Prinzip ist die Seinserkenntnis, das Erkennen der Lebensaufgabe. Funktioniert das Stirnchakra nicht, gibt es folgende Indizien dafür:

- Konzentrations- und Lernschwächen,
- fehlende Einsicht und Fantasie,
- unruhiger Geist,

- Schizophrenie,
- Ängste,
- Wahnvorstellungen,
- Aberglaube,
- Resignation,
- Kopfschmerzen und Migräne,
- Gehirnleiden,
- Augenleiden,
- Ohrenleiden,
- chronischer Schnupfen und Nebenhöhlenentzündungen und neurologische Störungen.

Das sechste Chakra steht für unser Unterbewusstsein, welches eine Million mal größer ist als das für uns erkennbare Bewusstsein. Wir erreichen es nur im Traum oder in tiefster Meditation. Für diese Qualität des Meditierens müssen wir schon oft gelebt haben, denn die Seele braucht eine Million Jahre zu ihrer Vervollkommnung. Hört sich viel an, aber man bedenke, wenn das Universum aus dem Urknall entsteht und expandiert, dann atmet Gott einmal ein. Während es dann kollabiert und in einem schwarzen Loch verschwindet, atmet Gott aus. Dieser Atemzug dauert ungefähr neun Komma sechs Milliarden Jahre, der längste materielle Zyklus überhaupt. Gott atmet sicher nicht nur einmal.

Mit dem sechsten Chakra erreichen wir die astrale Ebene, den Sitz von Jesus und Buddha. Hier eine weitere Grafik meines Meisters, die sehr anschaulich die Größenverhältnisse der Bewusstseinsebenen, aber auch die Funktion des Unterbewussten darstellt.

Unterbewusstsein

Feinstofflicher astraler Körper

In Cranio-Sprache: Mide-Tide

Physikalisch: Strahlungen (Elektrizität, Magnetismus, Radioaktivität, ...)

Heilige Dreifaltigkeit im Christentum: „Der **heilige** Geist"
(Buddha-Natur, Christusbewusstsein)

Bewusstseinszustand: Traum

„Göttliche Qualität": Vibration

Gleichnis: „Du darfst mit deinem großen Wissen über Wasser, Wasser erleben!"

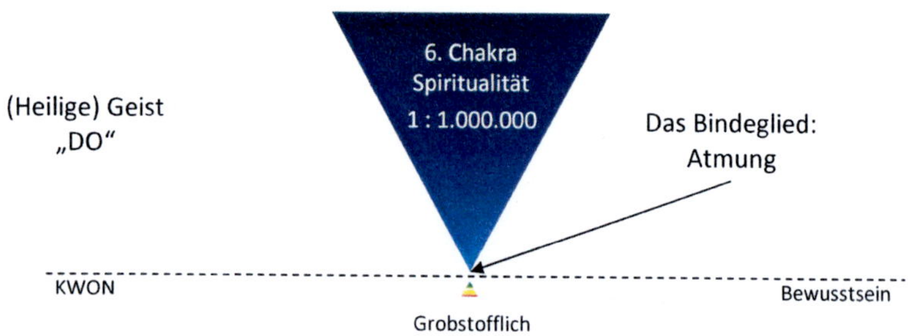

Nach christlichem Glauben kehrt unsere Seele ein ins Reich Gottes, ins Paradies, ins Alles. Nach buddhistischem Glauben ins Nirwana, ins Nichts.

Alles und Nichts, so heißt der Titel dieser Arbeit. Hier, in der astralen Ebene, im Unterbewusstsein, im Leben nach dem Tod, werden sie eins. Hier vollzieht sich das das Verschwinden der Dualität. Es gibt keine Gegensätze mehr.

Wer zu Lebzeiten nicht erleuchtet wird, betritt die astrale Ebene als Besucher mit einem Auftrag. Hier werden wir zwischengeparkt, wenn wir gestorben sind. Hier bereiten wir uns auf die Reinkarnation vor, denn nur im menschlichen Leben können wir uns spirituell weiterentwickeln. Hier müssen wir uns den Plan für das nächste Leben schreiben, und wir sollten ihn strikt befolgen. Je höher unsere Seele entwickelt ist, umso größer sind die Aufgaben auf unserem Zettel.

Das Einzige, was wir von der Erde hierher mitnehmen, ist unsere Spiritualität. Das Einzige! Ich fasse noch einmal zusammen.

Finden wir in diesem Leben unsere innere Wahrheit, ziehen wir nach dem Tod in die astrale Ebene ein und kehren von dort nicht mehr als Mensch auf die Erde zurück.

Bleiben wir unvollendet, geht es auch dorthin, aber als Zwischenstopp vor der Reinkarnation. Ob sich in der astralen Ebene auch die Hölle befindet, ist eine spannende Frage. Ich kann mich an meine Aufenthalte dort oben (oder unten?) nicht erinnern, aber so oft, wie ich früher Alpträume hatte, liegt die Vermutung sehr nah, dass es im Unterbewussten nicht nur das Paradies geben kann.

Haben wir nun mit der Meditation das sechste Chakra erreicht, erinnern wir uns mitunter an unsere vorherigen Leben. Diese Entdeckungen sind an Spannung nicht mehr zu übertreffen, spätestens jetzt wird Meditation zum Grundbedürfnis.

Im sechsten Chakra liegt unser innerer Kompass. Es gibt uns die Richtung unserer Entscheidungen vor. Oft kommt eine solche Eingebung intuitiv, spontan, ohne Vorankündigung. Wir sollten ihr folgen, ohne sie zu hinterfragen. Unser Bewusstsein kann das Unbewusste sowieso nicht erklären.

Ein ausgeglichenes Stirnchakra befähigt uns, Schwingungen und Unausgesprochenes wahrzunehmen. Hier entwickeln sich der sogenannte sechste Sinn und auch unsere Inspiration. Logisches Denken und Konzentration haben hier ebenfalls ihre Heimstatt.

Nun kann man vermutlich eine gefühlte Ewigkeit im Unterbewussten verbringen, aber es geht ja noch höher. Der Abstand zum Kronenchakra, also zum siebten, beträgt nur wenige Zentimeter. Aber auf dieser kurzen Strecke sind noch fünf Kammern nacheinander zu durchbrechen, ehe der Weg ins Göttliche frei ist. Ich gehe auf diese Kammern nicht näher ein, nur so viel, es braucht einen Presslufthammer, um sie zu überwinden. Meditative Schwerstarbeit.

Sahasrara, das Kronenchakra, hat die Farbe Violett und befindet am und über dem höchsten Punkt des physischen Körpers, der Fontanelle.

Es dient dem Erkennen des göttlichen Plans. Sein Prinzip ist das reine Sein.

Das siebte Chakra verbindet uns mit dem Himmel und dem Göttlichen und ist die Quelle der Spiritualität, der Erleuchtung und der Religiosität des Menschen. In diesem Stadium gibt man seine Identität, sein Ego auf und vertraut seiner inneren Führung.

Den meisten Menschen wird diese Seinsebene verborgen bleiben, das äußert sich in:

- Verhaftung in der materiellen Welt,
- Unzufriedenheit,
- Leere,
- Weltschmerz,
- Pessimismus,
- Dumpfheit,
- geistiger Erschöpfung (zum Beispiel eine Schreibblockade),
- Leugnung der Schöpfung,
- Immunschwäche,
- Nervenleiden wie Multiple Sklerose,
- Lähmungserscheinungen,
- Krebserkrankungen,
- Schlafstörungen,
- chronischen Krankheiten,
- Depressionen oder Realitätsflucht.

Mit dem siebten Chakra erreichen wir dann das Überbewusstsein. Dazu eine weitere Grafik.

Überbewusstsein

„Physikalisch“: kosmische (Ur-)Schwingung (Chi, Qi, Ki, Prana, String(-Theorie) ...)

In Cranio-Sprache: Long-Tide

Bewusstseinszustand: Tiefschlaf

„Göttliche Qualität“: Ton (OM)

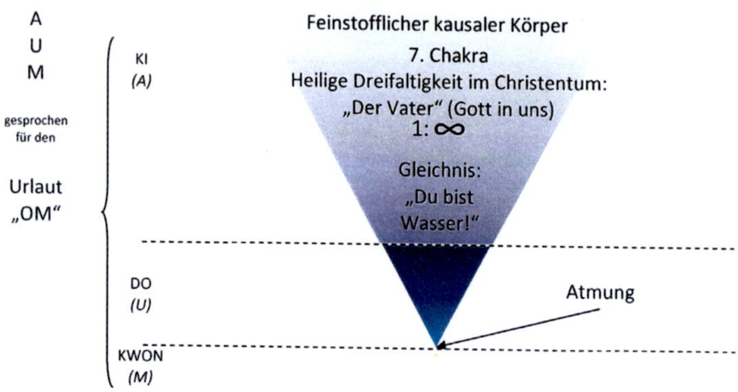

Jeder Mensch trägt drei Bewusstseinsebenen in sich. Im Wachzustand identifizieren sich die Meisten mit ihrem grobstofflichen Körper aus Fleisch und Blut und die höheren Bewusstseinsebenen treten in den Hintergrund.

Alle Formen der „Energiearbeit“ versuchen letztlich auch im bewussten Zustand dem unterbewussten oder gar überbewussten Ebenen Gehör zu verschaffen, um sich so vermehrt im Einklang mit den universellen Gesetzmäßigkeiten zu bewegen und sein Leben zu harmonisieren.

Die benutzten Worte und Ausdrucksformen sind je nach Religion, Therapieverfahren oder Weltanschauung zwar recht unterschiedlich, sagen aber letztlich doch alle das Gleiche aus.

Gott ist die vollkommene Anwendung aller Gesetzmäßigkeiten des Universums.
Swami Sri Yukteswar Giri

Ich gebe zu, dass all diese Ausführungen zum Thema Meditation sehr umfangreich waren, allumfassend waren sie sicher nicht.

In der Meditation kann man jedes Chakra einzeln ansteuern. Jedem ist eine Farbe, ein Ton, oder eine Frequenz zugeordnet.

Es gibt Tonquellen, die dieses implementiert haben. So lasse ich bei meinen Meditationen manchmal eine spezielle Musik laufen, bei denen ich die Energiezentren vorher ansage. Die Teilnehmer konzentrieren sich auf dieses Chakra und summen nur für sich hörbar den Grundton, der gerade abgespielt wird, mit.
Einige schaffen es, das jeweilige Chakra damit in Schwingung zu versetzen. Bei mir schwingen alle sieben.

Diese Technik habe ich von meinem ersten Yogalehrer, Professor Hubert Ilg übernommen.

Das waren jetzt sehr viele Aspekte zu unseren Energiezentren. Sie alle befinden sich auf der Sushumna und bilden den kleinen Energiekreislauf (siehe Bild 4). Dies ist die ranghöchste energetische Struktur in uns, darunter sind der große Energiekreislauf mit seinen zwölf paarigen Meridianen und darunter der Körper aus Fleisch und Blut angesiedelt. Anatomisch gesehen befindet sich der kleine Energiekreislauf innerhalb der beiden Hauptnervenstränge des Rückenmarks sowie darüber zwischen Keilbein und Fontanelle. Alle Meditationen und energetische Übungen sollten sich vorrangig mit den Chakren und der Sushumna beschäftigen. Hier spielt die Musik.

Stufe acht des Yogaweges wartet nun darauf, von den Auserwählten erklommen zu werden.

SAMHADI, Erleuchtung

Mit dem siebten Chakra erreichen wir Samhadi, die Erleuchtung, und somit die kausale Ebene. Wer dort ankommt, den erkennt man an seinem vollkommenen Gleichmut, für den ist das Aneignen von Wissen nicht mehr von Bedeutung, für den gibt es hier auf Erden keine Aufgaben und Ziele mehr.

Er kann alle drei Bewusstseinsebenen erkennen und voneinander trennen. Er ist mit der Kerze aus seiner Konzentration verschmolzen.

Zurzeit leben etwa zehntausend dieser erleuchteten Menschen auf der Erde, so Yogi Vidyananda. Jeder Mensch trägt das Potenzial in sich, bereits in diesem Leben ganz oben anzukommen.

Der große deutsche Philosoph Friedrich Nietzsche ist für seinen Satz „Ich bin Gott!" ins Irrenhaus eingeliefert worden. Das war anmaßend. Gott gibt es nur einmal, nachzulesen in der Gralsbotschaft von Oskar Ernst Bernhard.

Schwer zu sagen, ob Nietzsche erleuchtet war, aber sein Entfernen aus der menschlichen Gesellschaft war zutiefst unsinnig. Er hatte wahrscheinlich nur den Psalm 46 aus der Bibel, „Ein feste Burg ist unser Gott", auf sich bezogen. Dort steht folgender Satz:

„Seid stille und erkennet, dass ich GOTT bin."

Wie sich das Göttliche anfühlt, ist nicht bekannt. Kein Heiliger hat darüber gesprochen, kein Erleuchteter der Gegenwart würde es tun.

Es gibt einfach keine Worte dafür, dafür ist unsere Sprache nicht gemacht. Der Yogaweg ist nun vollendet. Begeben wir uns nun auf den meinen.

IMPRESSIONEN EINER REISE

Nun bin ich an der Reihe, meine Reisenotizen kundzutun.

Das Ziel dieser Reise ist die Vollendung der Seele, das erweiterte Bewusstsein, die Erleuchtung. Doch woran erkennt der Reisende, dass er angekommen ist?

Er weiß, dass er mehr ist als die Person, die seinen Namen trägt, einen bestimmten Beruf ausübt und verschiedene Rollen in der Gesellschaft übernimmt.

Er weiß, er ist mit allem und jedem verbunden.

Er ist in der Lage, Entscheidungen nicht auf der Basis seines Egos zu treffen, sondern zum Allgemeinwohl.

Er gibt sein Wissen und seine Erfahrungen offenherzig an die weiter, die dafür empfänglich sind. Er verfügt über eine starke innere Führung, eine klare Anbindung an sein höheres Selbst, an die göttlichen Energien. Wann immer er in den Spiegel schaut, bekommt er ein Lächeln geschenkt.

Er hat ein Gewissen und erkennt die Wahrheit, und zwar nicht aus irgendwelchen gesellschaftlichen Moralvorstellungen heraus, sondern aufgrund seiner tiefen Verbundenheit mit allem, was ist.

Diesen Zustand kann man als reine, bedingungslose Liebe bezeichnen, das „Mehr“ in diesem Leben.

Hier gibt es keine Angst, keine Fragen, keine Zweifel, keine Gegensätze.

Da sich auch heutzutage einige Tausend bereits Erleuchtete aktiv am öffentlichen Leben beteiligen, stellt sich die Frage, woran man sie erkennt.

Sie werden gelassen sein und zufrieden. Das Leben wird sie nicht überfordern und ihre Worte, Taten und Gesten werden von tiefer Liebe durchdrungen sein. In der Meditation werden sie eine signifikant höhere Hirnaktivität aufweisen als der Normalbürger, messbar über die Elektroenzephalografie (kurz EEG), und in ihrem Blut wird man eine hohe Konzentration von körpereigenem Dimethyltryptamin (kurz DMT) finden. So hilft die Wissenschaft, Scharlatane zu erkennen; kein Gegensatz existiert mehr zwischen Forschung und Spiritualität, zwischen Allem und Nichts.

Schön wäre es, hätte ich Fotos von den Stationen meiner Reise gemacht. Die könnte ich dann einfach hier einstellen, einen kleinen Text drunterschreiben, wäre in fünf Minuten fertig und könnte den Laptop einfach zuklappen.

So leicht macht es mir dieses Thema aber nicht. Spiritualität ist nichts zum Fotografieren. Sie lässt sich nur leben und erleben.

Ja, ich betrachte mein Leben als Erlebnis nicht als Pflichtübung. Die beste aller Versicherungspolicen ist die, gelebt zu haben. Oder, mit Richard David Precht gesagt, solle man seine Tage mit Leben füllen und nicht sein Leben mit Tagen.

Don Juan Matus, der Meister bei Castaneda, stellt seinem Schüler die Aufgabe, jene Erlebnisse herauszusuchen, die dessen Leben nachhaltig verändert haben, und darüber zu reflektieren. Das sind nicht die großen Anlässe, nicht die Jahrestage nicht die Schlagzeilen.

„Wichtig sind Tage, die unbekannt sind“ (Anawa) ist ein Lied aus meiner Jugend. Im Vorfeld dieser Aufzeichnungen habe ich es zufällig wiederentdeckt.

Zufällig? Blöde Frage!

Die erste Geschichte, die ich erzählen will, beginnt mit Schönschrift. Man sagt, den Charakter eines Menschen erkenne man an seiner Handschrift. Meine war und ist immer noch ziemlich perfekt (ist Eigenlob, stimmt aber wirklich).

Als ich Infanterist bei der Armee war, mussten wir zum Abschluss unserer Grundausbildung einen Gewaltmarsch über etwa

30 Kilometer absolvieren. Brutales Tempo, oft volle Schutzausrüstung, volle Bewaffnung und drückende Stiefel. Wer sich vorher Zigarettenasche in die Stiefel tut, leidet übrigens weniger.

Zum Ende hin kamen einige Genossen (so hießen wir bei der Nationalen Volksarmee) in große Nöte und mussten aufgeben. Wir durften aber eine Mindeststärke nicht unterschreiten, so kam der Befehl, dass die Stärkeren die Waffen der Leidenden übernahmen. Ich fühlte mich gut. Irgendwann unterwegs bekam ich das, was man heute Runner's High nennt. Ich begann zu schweben, im Kopf und mit den Füßen. Ich hätte eine Ewigkeit so weiterlaufen können. Mein Körper hatte sich entkoppelt. Im Ziel hatte ich fünf Waffen am Mann, darunter zwei Panzerfäuste.

Das brachte mir eine Belobigung vor der Truppe ein und, jetzt wird es wichtig, ein Vorstellungsgespräch bei dem Oberoffizier für Verpflegung.

Es begab sich zu dieser Zeit, dass fünf Soldaten, die praktisch nur die höchste Führungsebene bedienten, entlassen wurden. Nachfolger wurden gesucht. Meine Qualifikation war meine Schrift. Im Zuge einer Inspektion mussten alle Tafeln im Küchenbereich erneuert werden. Mit weißer Farbe und dünnem Pinsel auf Schreibtafeln von 3 bis 8 Quadratmetern. Sie wurden täglich neu mit Kreide beschrieben, meine aufgemalten Buchstaben waren natürlich nicht abwaschbar, es waren ja die Überschriften, die Zeilenbezeichnungen und natürlich alle Striche. Ich arbeitete Tage und halbe Nächte durch, die Arbeit wurde fertig, die Inspektion ein Riesenerfolg und ich kam in den ersehnten Dienst an den höchsten militärischen Führungskräften.

Dazu muss man wissen, dass es im gesamten Regiment (ca. 2000 Mann) nur eine Person gab, die den Alkohol verwaltete. Diese Person war ich.

Diese Position verlangte äußerste Disziplin, denn ich hatte plötzlich ganz viele Freunde, durfte die Spirituosen aber nur an Offiziere weiterreichen oder mich nicht erwischen lassen. Sie haben mich nie gekriegt.

Zum Ende meiner Dienstzeit rief mich unser Oberbefehlshaber zu sich. Ich hatte ihn oft und zu unmöglichsten Zeiten mit russischem Wodka versorgt. Ich war loyal und genoss sein tiefstes Vertrauen. Aus Dankbarkeit überließ er mir seine Eintrittskarte, die einzige im ganzen Regiment, für Goethes Faust im Staatstheater.

Den Rest habe ich bereits erzählt.

Große Dichtung ist auch immer Philosophie. Wieder eine Dualität weg. Es sollte sein, dass meine Handschrift mich mit der besten Aufführung des größten Werkes der deutschen Dichtkunst zusammenführte. Ich verneige mich noch heute voller Dankbarkeit vor dieser Fügung.

Man könnte meinen, das wäre Glück gewesen.

Über Glück sind bereits tausende Bücher geschrieben worden, es gibt wunderbare Definitionen und Schaubilder. Dies ist aber nicht mein Thema. Erleuchtet werden hat nichts mit Glück zu tun.

Nüchtern betrachtet ist Glück nichts weiter als Realität minus Erwartung. Das heißt, wenn ich den Augenblick genieße, ohne etwas von ihm zu verlangen, bin ich glücklich.

Dies ist meine Erfahrung und Überzeugung.

Kommen wir zu meiner zweiten Geschichte.

Es war im Jahre 1996, ich besuchte mit meiner Familie das unvergleichliche Schottland. Ich habe nie ein schöneres Land gesehen und fühlte mich dort irgendwie heimisch. Auf der Isle of Skye, einer Hebrideninsel, wurde einst eine Fechtszene mit Christopher Lambert und Sean Connery gedreht („Highlander" heißt der Film). Auf genau dieser Insel, auf den Klippen von Quirang. Wir standen am Fuß dieser Klippen und ich sagte meiner Frau: „Da muss ich rauf!" Aus heiterem Himmel. Es war nicht schwierig, lediglich fünf Meter waren zu klettern.

Da stand ich nun mit Tränen in den Augen. Es riss mir die Arme auseinander. Ganz viel Energie! Ich spürte den Himmel zwischen meinen Händen.

Dies war der Beginn einer wunderbaren Freundschaft, meiner Freundschaft mit den Bergen. Ich habe seither viele Gipfel erreichen dürfen, unter anderem die beiden höchsten der Alpen.

In den Bergen sind wir Gott sehr nah (die Tafel auf dem Bergsteigerfriedhof Kals nannte ich schon). Die Geschichte geht noch weiter.

Am Abend dieses Tages lud uns unser Gastgeber, ein Farmer mit ganz vielen Schafen, in seinen Stall ein. Er zeigt uns viel von seiner Arbeit. Der Stall hatte drei Tore, vor jeder lag ein Border Collie. Diese Hunde sind die klügsten auf Erden, sie allein trieben die Herde auf die Weiden und holten sie abends zurück.

Okay, die zweitklügsten.

Ich hatte zu dieser Zeit einen Collie-Mischling, einen ehemaligen Streuner aus dem Tierheim, ein wundervolles Tier. Ich nannte ihn Dimple, nach einem ganz brauchbaren schottischen Blended Whisky.

Er begleitete mich beim Joggen und blieb selbst auf einer Strecke von zwanzig Kilometern immer bei Fuß, ohne dass ich diesen Befehl je wiederholen musste. Jeden Tag nach der Arbeit, nach 22 Uhr, saß ich mit ihm am See. Ich erzählte ihm von meinem Tag, von meinen Freuden, von meinem Leid. Er sah mir die ganze Zeit in die Augen. Manchmal nickte er, manchmal schüttelte er den Kopf. Er verstand jedes Wort.

Als er dann eingeschläfert werden musste, lag er in meinen Armen. Ich versprach ihm, dass es für ihn niemals einen Nachfolger geben wird. „Oder darf ich mir später einen deiner Brüder aus Schottland holen?“, habe ich ihn gefragt. Er nickte. Ich hatte seine Erlaubnis. Meine Tränen waren in diesem Moment dieselben wie damals in den Highlands. Schottland, ich komme wieder!

Auch an dieser Geschichte sieht man, das scheinbar völlig unterschiedliche Linien in unserem Leben zu runden Geschichte werden. Der Kreis des Lebens. Er dreht sich überall.

Auch meine dritte Episode spielt an einem magischen Ort.

Es ist für mich der schönste Ort auf dieser Welt. Der Central Park in New York.

Ich besuchte die Stadt erstmals 2008 zusammen mit meiner Frau. Wir waren damals im zwanzigsten Ehejahr und wollten es gebührlich feiern. Ich bin kein Stadtmensch und diesen Moloch würde ich nur betreten, wenn ich dort am Marathon teilnähme. Das war unser Deal.

Gesagt, getan.

Unser Hotel lag fünf Gehminuten vom Central Park entfernt. Es war Halloween. Wir gingen gegen 23 Uhr einfach mal los. Die Stadt war sicher, das Ziel nicht weit.

Viel war nicht zu sehen. Nur ein Paar stand auf einem Hügel, beide im Kostüm des Phantoms der Oper. Ganz schön kitschig, aber ich liebe Kitsch.

Bei Tageslicht ist es dort umwerfend. Felsiger Untergrund, dort stand mal ein Gebirge, so hoch wie der Himalaya. Indian Summer, überall Zedern, mein Lieblingsbaum, Brücken, Eislaufbahnen, Wiesen, Bänke und Wege, die schon so oft Hollywoodkulisse waren. Mit einem Wort: wunderschön.

Die 42 Kilometer vergingen wie im Flug. Knappe vier Stunden Orgasmus.

Am nächsten Tag kaufte ich mir eine kleine Zigarre und kehrte in den Park zurück. Ich würde wiederkommen, das stand fest.

Zehn Jahre später habe ich den Lauf mit einem Freund wiederholt. Er ist fitter als ich und brachte meinen geschundenen Körper sicher ins Ziel, wenngleich es eine halbe Stunde länger dauerte als zu meinen besten Zeiten.

Das Wichtigste war für mich jedoch nicht der Marathon, sondern die Vorbereitungsrunde um den ganzen Park am Tag zuvor. Da war er wieder, der Zauber dieses Ortes, von dem ich nun wusste, woher er rührte.

Eine Legende besagt, die Stadtväter hatten ihn einst angelegt, damit die Indianer, die die Wolkenkratzer errichteten, sich nicht jeden Abend besoffen. Diese Supermänner, die ihr Brot auf den Stahlträgern aßen, in schwindelerregender Höhe. Jeder kennt die Bilder.

Sie sollten einen schönen Platz für ihre Freizeit haben und ganz gewiss sollten auch nicht so viele Bauarbeiter im Rausch abstürzen.

Diese Geschichte ist zauberhaft, denn sie ist eine Huldigung der kleinen Leute, die ich so sehr liebe. Inmitten der einer der reichsten Gegenden überhaupt, entsteht ein jedem zugänglicher Ort, der den Glanz der Paläste bei Weitem überstrahlt.

An dieser Stelle könnte man sich fragen, ob das nicht alles traumhaft war, was ich so geschildert habe. Die Marketingstrategen vermitteln rund um die Uhr Traumpartner, Traumhäuser, Traumferien und vieles mehr. Das Wort Traum ist inzwischen genau so pervertiert wie die schon erwähnte Freiheit und aus meinem Vokabular weitestgehend verschwunden. Meine Träume sind die Pforte ins Unterbewusstsein.

Die letzte Geschichte beginnt im Jahre 2009 in Bad Wimpfen, Baden Württemberg. Ich hatte mich dort zu einer Yogalehrer-Ausbildung angemeldet und diese erfolgreich abgeschlossen.

In der Gruppe war eine außergewöhnliche Frau. Französin, in Polynesien geboren, schrill und kunterbunt gekleidet, Extrembergsteigerin, jahrelang in Indien und Afrika zu Hause mit eigener Tangoschule in Buenos Aires. Ich nenne sie mal Anne (im Wesentlichen bleiben die meisten meiner Gefährten hier ohne Namen). Sie hatte das Antlitz der Nofretete und wurde in Afrika angehimmelt, wann immer sie da war. Zu Recht, wie ich fand. Sie hatte eine Ausstrahlung, die mich faszinierte, und dazu eine wahnsinnige spirituelle Aura. Ich konnte sie sehen.

Die Ausbildung war nicht doll, aber der Tiefpunkt war eine Unterweisung in der Zen Meditation. Diese wurde geleitet von einem ehemaligen Banker, der sich dazu berufen fühlte. Der übelste Scharlatan, der mir je unter die Augen kam. Schon im Vorgespräch kam es zum Eklat. Anne korrigierte Mister Neunmalklug zweimal, als er absoluten Müll von sich gab. Sie stand Lichtjahre über ihm und sogar ich war erschüttert von solch einer Anmaßung. Das erste Mal brüllte er sie nur an, beim zweiten Mal warf er sie raus. Ich ging freiwillig eine Minute später. Anne war schon weg. Wir brachten unseren Lehrgang zu Ende und es kam der Moment des Abschieds.

Sie sah mich an und ich wollte etwas Kluges sagen. Der Satz, der nicht nur allein aus mir kam, lautete: „Leute wie wir begegnen sich." Ich würde sie nie wiedersehen, das wusste ich. Fünf Jahre später habe ich meinen Basiskurs in Energielehre bei Yogi Vidyananda in Melle, Niedersachsen absolviert. Die Vorgeschichte ist bekannt; die Mail im Spamordner.

Am letzten Abend saßen wir Teilnehmer alle zusammen. Die Atmosphäre war sehr besonders, wir hatten fünf Tage lang völlig neue Erfahrungen sammeln können und waren der Welt auf angenehmste Weise weit entrückt.

Ich erzählte die Geschichte von Anne. Ungefragt, es sollte so sein. Es war totenstill um mich herum. Mir war bis dahin nicht aufgefallen, dass ich ein guter Erzähler sein konnte.

Was war mit mir geschehen in dieser Woche in der Landesturnschule? Die Antwort gebe ich am Ende.

Das Frappierende an dieser Geschichte ist, dass ich die beiden spirituellsten Menschen, die ich kenne, mal eben einfach so mit meiner Geschichte an den selben Ort brachte, ohne dass sich die beiden je begegnet wären. Auf meinem Weg gehören sie untrennbar zueinander.

Warum?

Damit sind wir beim dritten Wort, dass ich meide. Diese Frage dürfen das Kleinkind und der Kommissar auf Motivsuche stellen. Für mich ist sie tabu. Die Antwort auf „Warum" ist selten ehrlich, wenn Menschen sie geben.

Die Frage stellt sich gar nicht, wenn man von der Kausalität, von Ursache und Wirkung weiß. Nichts im Universum geschieht ohne Grund. Jede Ursache liegt in uns selbst.

Darum!

Das Universum ist übrigens nicht nur da draußen. Zwei Beispiele.

Zehn Gramm menschlicher DNA könnten alle Informationen sämtlicher digitaler Dateien weltweit speichern.

Die leistungsstärksten Supercomputer der Gegenwart bräuchten 40 Minuten, um eine Sekunde menschlicher Hirnaktivität zu simulieren.

Der Blick nach innen, in unseren Mikrokosmos, lohnt sich allemal. Die Tür steht jedem sperrangelweit offen.

In allen beschriebenen Situationen und auch in den davor liegenden, mich betreffenden Ereignissen, steckt eine Gemeinsamkeit. Ich bin stets meinen Eingebungen gefolgt.

Die kommen aus dem Unter-, aber auch dem Überbewusstsein. Da bei mir alle sieben Chakren schwingen, sind sie wohl geöffnet und stehen mir als Entscheidungshilfe zur Verfügung.

Seit jenen Tagen in Melle ist mir alles gelungen, konnte ich jede meiner Ideen umsetzen.

Ich bin leidenschaftlicher Perfektionist und freue mich wie ein kleiner Junge, wenn ein Rad ins andere greift, wenn sich Probleme nahezu von allein lösen. Diese winzigen Details begegnen mir täglich, zum Beispiel, wenn das eingekaufte Baumaterial genau ausreicht, ohne dass ich es vorher berechnet hätte, wenn das Essen im Kühlschrank mich auf den Punkt satt macht, ohne dass etwas übrig bleibt (ist bei Butter ziemlich schwierig) oder wenn das verfügbare Geld allen Verpflichtungen standhält.

Auch bin ich seitdem sehr emotional. Der durchschnittliche deutsche Mann weint 17-mal im Jahr. Das schaffe ich manchmal in einem Monat, nicht nur jetzt, da mein Vater im Sterben liegt.

Zurzeit bin ich solo unterwegs, was auch gut ist, denn die Arbeit, die mein altes Bauernhaus mit sich bringt, ist für keine Frau zumutbar. Um einen spirituellen Menschen wird es schnell auch mal leer und leise. Die Welt ist für uns noch nicht bereit und wird es nie sein.

Verliebt war ich schon ganz schön oft (wahrscheinlich 17-mal), und oft sind die schönsten Romanzen die unvollendeten. Mit zwei tollen Frauen durfte ich bisher mein Leben teilen. So ganz schlecht ist Vollendung auch nicht. Liebe schaltet den Verstand aus, das will auch die Meditation.

Kommt es dann doch zur Trennung, entsteht ein tiefer Schmerz. Es tut deshalb so weh, weil das Höchste, das zwei Menschen miteinander verbindet, verloren gegangen ist. Es ist das Scheitern an einer großen Mission, eine Versündigung an der Liebe. „Bis dass der Tod euch scheidet", so fordert es die Kirche. In dieser Hinsicht stimme ich ihr zu. Vielleicht wird mir vergeben, wenn nicht, werde ich meine Strafe voller Demut annehmen.

Früher war ich ziemlich aufbrausend, fast schon cholerisch. Wenn mir etwas nicht gelang, bekamen die Umstehenden oft Zweifel an meiner Zurechnungsfähigkeit. Contenance war mir so fremd wie die Sprache, der dieses Wort entstammt. Aufregung hat sich in Gelassenheit gewandelt. Angst hab ich manchmal in den Bergen, aber die ist auch angebracht, denn ich bin ein lausiger Alpinist.

Smalltalk ist mir ein Graus, genauso wie dumme Menschen. Nicht jeder kann einen höheren Bildungsweg beschreiten, nicht jeder ein Intellektueller werden. Ich kenne viele Leute, die nur zehn Klassen abgeschlossen haben, aber von denen ist niemand dösch (mecklenburgisch für blöd), im Gegenteil, die meisten sind lebensklüger als viele Akademiker.

Vorhaben für später habe ich auch, ohne dass ich Gott damit zum Lachen bringen wollte. Da wäre der Hund aus Schottland, meine künftige Sauna, an der ich gerade bastle, vielleicht kommt sogar ein Ashram dazu und in diesem Mai der Chimborazzo in Equador. Der höchste Punkt dieser Erde über ihrem Mittelpunkt. Die Erde ist ein Ellipsoid und der Everest steht auf der flachen Krümmung, der Chimbo auf der steilen.

Wenn ich mit sechzig alle Haken gemacht habe und den so schönen Augenblick zum Verweilen einlade,darf der Himmel mich zu sich hereinlassen. Er kann auch gerne noch ein wenig damit warten. Der Tod verwandelt einen lebenden Organismus in einen Gegenstand, der Seele kann er nichts anhaben.

Was fehlt, ist das Ereignis von Melle, welches mein Leben umgekrempelt hat.

In der ersten Meditation saß ich mit krummem Rücken da und konnte mich trotz Hocker nicht aufrichten. Ich hatte zum ersten Mal in meinem Leben Kopfschmerzen. „Sechstes Chakra." Das war der Kommentar von Yogi Vidyananda dazu.

In der zweiten Meditation richtete sich meine Wirbelsäule von ganz allein auf und mir wurde ganz warm dabei. Das passiert mir seitdem in jeder Meditation, ohne Ausnahme. Ich vermute dahinter, dass alle meine Chakren geöffnet sind und das Prana ungehindert aufsteigen kann. „Gewagte These“, meint Vidyananda.

In der dritten Meditation umgab mich dieses wunderbar himmelblaue Licht wie auf dem Bild unseres Energiekörpers von Alex Grey. Und dann sprach ich mit meinem Großvater, der bereits 1973 verstorben ist. Es geht ihm gut.

Das Bild von Grey hängt als handgemalte Kopie im Meditationsbereich der Ki Do Kwon-Akademie in Kirchhatten. Mein Meister hat es in Auftrag gegeben und ich stelle es an dieser Stelle gern zur Betrachtung aus.

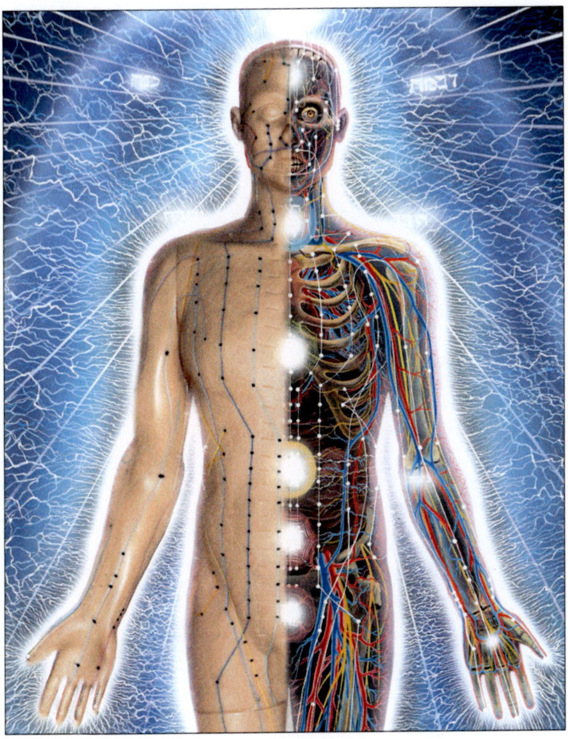

Falls dieses sensationelle Ereignis meine Seele vollendet hat, so war dies ein einmaliger Vorgang. Er wiederholt sich nicht, denn mit diesem einen Mal ist alles getan. Mehr als dies kann uns nicht passieren. Ein Sekundenbruchteil hat die Ewigkeit in uns erschaffen.

Nun die letzten drei Fragen:

Ob ich mich vor dem Tod fürchte? Nicht mehr.
Ob ich mich auf den Tod freue? Noch nicht.
Ob ich danach noch mal auf die Erde zurück komme? Fifty-fifty. Gott wird es entscheiden.

Leussow in Mecklenburg, am 15. Januar 2020

NACHWORT

Wir schreiben den 20. März 2020. Das Corona-Virus hat die Welt fest im Griff. Niemand weiß, wie lange. Interessant dürfte im weiteren Verlauf sein, wer von dieser Pandemie am meisten profitiert, denn auch sie geschieht nicht grundlos.

Ich selbst musste mein Geschäft schließen und seitdem zu Hause bleiben.

Meinen Vater haben wir vollzählig und ehrenvoll beigesetzt. Schön, dass er dieses Szenario nicht mehr erleben muss.

In Zeiten wie diesen offenbaren sich sämtliche Defizite unserer Spezies. Viele versagen an den jetzigen oder an den kommenden Aufgaben. Für bestimmte Leute wird diese Welt niemals geeignet sein. Das ist unabänderlich und wird sicher einige ökonomische, moralische und ethische Verwerfungen aus der Vergangenheit bereinigen.

Andere werden gestärkt aus dieser Krise hervorgehen und das Gute voranbringen. Vor allem euch ist dieses Buch gewidmet.

QUELLENNACHWEIS

Sämtliche wörtliche Zitate sind durch Anführungsstriche gekennzeichnet und mit den mir bekannten Urhebern versehen.

Darüber hinaus habe ich folgende Veröffentlichungen benutzt:

Osho	„Das Buch der Geheimnisse“	Arkana Verlag	2017
Peter Kunzmann, Franz-Peter Burkhard, Franz Wiedmann	„dtv- Alas zur Philosophie“	Deutscher Taschenbuch Verlag	1991
Ursula Michel-Wenz	„Arthur Schopenhauer	Insel Verlag	1998
	Wege zum Glück“		
Carlos Castaneda	„Das Wirken der Unendlichkeit“	FISCHER Taschenbuch	2019
M.K. Huemer	„Das dritte Auge“	Amazon	2019
Marion Selzer	„Die Zirbeldrüse als Schlüssel für ein erweitertes Bewusstsein“	Verstandes-horizont	2020
Yogi Vidyananda	„Fortbildung Chi Therapeut“ Basic, Advanced und Master	Ki Do Kwon Akademie	2016 bis 2018

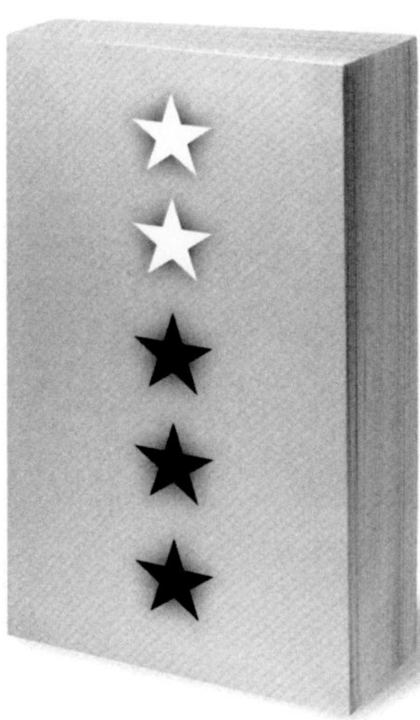

Der Autor

Frank Schiewer wurde 1964 in Wismar geboren und lebt heute in Schwerin. Er studierte Maschineningenieurswesen an der Universität Rostock und beschloss nach fünf Jahren verschiedenster Tätigkeiten, sich im Bereich der Fitnessbranche selbstständig zu machen. 2006 wurde er Vorsitzender des Rehasportvereins Ploggensee e. V. Seit 2011 ist er Gründer und Inhaber von „Asana Gesundheitssport" in Schwerin und bildet inzwischen selbst Übungsleiter aus. Seit er sich für Yoga und Meditation interessiert, hat er sich auch in diesem Bereich stetig fortgebildet und gibt sein Wissen als Kursleiter weiter. In seiner Freizeit frönt der verheiratete Vater eines Sohnes dem Laufsport und dem Bergsteigen.

Der Verlag

Wer aufhört
besser zu werden,
hat aufgehört
gut zu sein!

Basierend auf diesem Motto ist es dem novum Verlag ein Anliegen neue Manuskripte aufzuspüren, zu veröffentlichen und deren Autoren langfristig zu fördern. Mittlerweile gilt der 1997 gegründete und mehrfach prämierte Verlag als Spezialist für Neuautoren in Deutschland, Österreich und der Schweiz.

Für jedes neue Manuskript wird innerhalb weniger Wochen eine kostenfreie, unverbindliche Lektorats-Prüfung erstellt.

Weitere Informationen zum Verlag und seinen Büchern finden Sie im Internet unter:

www.novumverlag.com